壮志凌云 和美乡村

——凌云县党建引领全域乡村振兴研究

广西乡村振兴战略研究会
凌云县党建工作中心 编

ZHUANGZHI LINGYUN HEMEI XIANGCUN
LINGYUN XIAN DANGJIAN YINLING QUANYU
XIANGCUN ZHENXING YANJIU

中国农业出版社
农村读物出版社
北 京

壮志凌云　和美乡村
——凌云县党建引领全域乡村振兴研究

本书编委会

前言 FOREWORD

　　习近平总书记在《求是》发表的重要文章《坚持把解决好"三农"问题作为全党工作重中之重　举全党全社会之力推动乡村振兴》中指出，巩固拓展脱贫攻坚成果，全面推进乡村振兴，加快农业农村现代化，是需要全党高度重视的一个关系大局的重大问题。习近平总书记在党的二十大报告中强调，坚持大抓基层的鲜明导向，抓党建促乡村振兴，加强城市社区党建工作，推进以党建引领基层治理，持续整顿软弱涣散基层党组织，把基层党组织建设成为有效实现党的领导的坚强战斗堡垒。

　　把党的创新理论转化为引领乡村全面振兴的强大动能，坚持党旗领航、党建引领，构建党领导下乡村全面振兴的新格局，是我国历史性解决绝对贫困问题、全面推进乡村振兴的最坚强保障，是实现中国式现代化乡村振兴的内在要求。践行习近平新时代中国特色社会主义思想，贯彻习近平总书记对广西重大方略要求，落实党的二十大精神和自治区第十二次党代会精神，弘扬伟大建党精神，牢记领袖嘱托，勇担历史使命，推进乡村振兴，凌云县在开拓创新、砥砺奋进的新征程上知行合一、凝心聚力、阔步前行。进入"十四五"以来，凌云县委、县政府全面总结打赢脱贫攻坚战和全面建成小康社会的发展经验，在坚持和运用历史观、系统观、实践观和以人民为中心的发展思想中，强化理论创新对凌云发展的指引和在凌云转化成为发展实践，将革命老区精神的"底色"、抓基层党建的"成色"、"争创五旗"的"亮色"融合成为乡村全面振兴的"彩色"，确保新阶段乡村振兴始终沿着正确方向前进。2021年11月，中国共产党凌云县第十三届委员会第二次全体会议作出了实施全域党建引领全域乡村振兴的决定；2022年1月，凌云县委、县政府以1号文件方式，高位推进全域党建引领全域乡村振兴工作，在丰富拓展"乡村振兴·争创五旗"创建成效的基础上，全面部署了全域党建引领全域乡村振兴的十大工程28项行动，充分发挥基层党组织、驻村第一书记、广大党员干部的战斗堡垒和先锋模范作用以及农民群众的乡村振兴主体作用，推进理论蕴能、党建赋能、增效聚能、担当提能、激励强能，在边疆民族地区和革命老区创新走出了"两个全域"的抓党建促乡村振兴凌云路径。

广西乡村振兴战略研究会、凌云县党建工作中心对凌云县全域党建引领全域乡村振兴的生动实践进行了持续跟进，参与了"两个全域"抓党建促乡村振兴的改革集成和阶段性成效总结。本书在成稿过程中，得到了凌云县委组织部、凌云县驻村工作队的大力支持。本书作为凌云县全域党建引领全域乡村振兴的改革集成成果，也是广西特色新型智库联盟高端智库建设研究成果和广西壮族自治区农业科学院基本科研业务专项（桂农科2021YT084）研究成果，旨在更好地将其实践创新展现出来，为广西乃至全国各地抓党建促乡村振兴以及巩固拓展脱贫攻坚成果、全面推进乡村振兴提供实践借鉴和路径参考。

本书编委会

2023年12月

目录 CONTENTS

先锋示范篇

能人带动篇

全域党建强基聚能　引领乡村全域振兴

　　凌云县坚持以习近平新时代中国特色社会主义思想为指导，全面贯彻落实习近平总书记关于加强党的建设重要论述和对广西重大方略要求，运用党的百年奋斗历史经验，弘扬伟大建党精神，创新基层党建工作载体，使全域党建引领贯穿全域乡村振兴全过程、各方面，在抓基层、强党建、建队伍、聚英才等方面狠下功夫，为全域党建引领全域乡村振兴提供坚强组织保障。

一、理论蕴能，政治素养提升全覆盖

　　凌云县坚持"第一议题"学习制度，深入学习习近平新时代中国特色社会主义思想，深入学习宣传党的二十大精神以及习近平总书记对广西重大方略要求，及时跟进学习习近平总书记最新重要讲话精神，推进党史学习教育常态化长效化，把党的历史研究好、宣传好，把红色资源发掘好、运用好，为加强党的建设和推进改革发展稳定凝聚强大正能量。

　　"六个一"多形式学党史。通过研读一系列原著资料、进行一次专题学习研讨、体验一次"网络平台名家讲坛"大学习、举办一场"红色传奇进校园"、实践一次"我为群众办实事"、打卡一次"红色革命教育基地"等"六个一"活动，陶冶党员干部爱党爱国爱社会主义情操，激发党员干部学习党史的积极性，形成党史学习的浓厚氛围，推动党史学习教育走深走实。全县共开展相关活动800余场次。

"五个好"多元化抓教育。通过讲好红色故事、唱好红色歌曲、做好红色宣传、走好红色路线、用好红色基地等"五个好"方式，推动党史学习教育走深走实。开展"老党员讲故事微党课""第一书记进校园"等活动220余场次。通过歌咏比赛、诗歌朗诵等方式，开展"学党史 感党恩 跟党走"等活动30余场。摄制《红八军彩村突围战》《青山作证 日月可鉴——彩村突围战回忆录》等红色宣传片在县融媒体平台、网络公众号进行展播，营造了浓厚的活动氛围。以对党忠诚教育为重心，设置红色教育精品线路，打造现场精品课程。截至2022年，到红色教育精品线路接受教育共有1.2万余人次。利用红八军彩村突围战遗址、革命烈士陵园纪念碑等红色资源，打造对党忠诚党史学习教育基地等多个红色研学教育基地。截至2022年，红色教育基地共承接区内外党员干部群众279批次19039人次。

"老中青少"推受众广泛化。组建"老中青少"师资队伍，对全县党员干部群众开展百年党史学习教育。组织新一届村"两委"干部等同步学习"奋斗百年路 忠诚印寸心"等云直播党课5场次，参与线上学习共万余人次。在全县各中小学开设"红色故事"校园广播，开展"红色传奇"进校园主题班会，邀请"五老"队伍（老干部、老战士、老专家、老教师、老劳模）进校园宣讲红色故事。推行"红马甲"携手"红领巾"活动，第一书记与困难学生结成帮扶对子，通过每周一次谈心、每月一次家访、每季度一次专项辅导、每年一次慰问"四个一"活动，引导青年一代从小立志强本领，树立坚定理想信念。

二、党建赋能，五个振兴发展全提速

坚持全域党建引领，通过抓基础让基层组织全线飘红、抓领跑让党员队伍全员先锋、抓链接让党建活动全程覆盖、抓管用让管理制度全面配套、抓强化让保障体系全力支撑"五抓五全"，大力实施"十大工程"，让基层组织强起来、让党员队伍硬起来、让一线党旗飘起来，奋力将凌云建设成大石山区巩固拓展脱贫攻坚成果同乡村振兴有效衔接先行县、广西全域党建引领全域乡村振兴先进县、西部地区党旗领航农村改革发展先锋县。

紧盯根本之策，夯实产业振兴之基。实施"三产融合"促振兴工程，抓实三级书记抓振兴，开展"书记拉练""我为群众办实事"活动，建立"带头包抓重点难点村"机制，建立领办项目制度，分析研判重点工作任务，整顿提升软弱涣散村党组织。实施集体经济资金扶持、深化村级集体经济"十百千"增点扩面提质增效、村级集体经济发展孵化等行动，围绕农村一二三产业融合发展，构建乡村产业体系，重点抓好"两叶一果一家禽""两酒一油一园区""两园一山一古城"等3次产业"3个211"发展思路，促进农民增收致富，推动乡村生活富裕。力争到2025年，财政收入突破10亿元，GDP突破100亿元，农民收入年均增加1000元以上，新增就业岗位10000个以上。

紧抓关键要素，破解人才振兴之困。实施筑巢引凤聚英才工程，开展人才引进招募、乡村振兴人才服务、乡村医疗教育人才队伍建设三大行动，重点聚焦农业生产经营人才、农村一二三产业发展人才、乡村公共服务人才、乡村治理人才、农业农村科技人才等五方面人才建设。实施薪火相传育才俊工程，做足本地人才培育文章，发展壮大本土乡土人才队伍，加大本土农业生产经营人才、产业发展人才、乡村公共服务人才、乡村治理人才、农业农村科技人才培育力度，围绕干部思想"大解放"、能力"大提升"、作风"大转变"等"三个大"，着力建强村领导班子，激发乡村人才活力，打造一支"带不走的乡土人才队伍"。

紧贴民俗民风，培育文化振兴之魂。实施红色教育铸忠诚工程，开展文化阵地提升、文明创建争先、弘扬时代新风、文化铸魂善治、法治服务进村等五大行动，开展"红色传奇进校园"和"第一书记进校园"活动，深化民族节庆品牌建设，保护少数民族特色村寨，挖掘农耕文化和红色文化资源；推进全国文明县城、广西文明城市创建。实施文化铸魂善治理工程，推广"四议两公开"工作法、"村级商议团"民主管理和屯级"一组两会"协商自治模式，不断改善农民精神风貌，实现农耕文化兴盛、民族文化繁荣、乡村"四治融合"。

紧扣战略支撑，扛起生态振兴之责。 实施旗红山绿美家园工程，围绕"生产生活生态同步发展、一二三产业融合发展、农业文化旅游一体发展"谋篇布局。注重保护修复优先于开发利用，开展国家生态文明先行示范区创建，落实好"河长制""湖长制"，探索党员山林河湖分区分段责任制度，推进一个农村党员一片责任林、一段责任河（湖），实施好重点生态修复工程。注重推动绿色低碳发展，突出打好绿色牌、长寿牌、富硒牌等生态三张牌。注重健全完善生态文明制度，建立健全自然资源资产产权、国土空间开发保护制度，营造公众积极参与生态文明建设局面。实施碧水蓝天靓古府工程，充分利用主流媒体平台，全方位开展宣传推介，提升凌云知名度，擦亮山清水秀生态美、中国最佳养生休闲旅游名县、中国长寿之乡、广西特色旅游名县等金字招牌。加速提升凌云古城、浩坤湖、茶山金字塔、"泗水缤纷"综合体等景点景区的宜游宜购功能，做大景区游、乡村游、夜间游等生态旅游业态，吸引更多游客和候鸟人群到凌云旅游休闲养生。

紧筑阵地堡垒，强化组织振兴之力。 实施基层组织强堡垒工程，加强党的组织体系建设，健全纵向到底、横向到边的严密组织架构，实现组织建设贯通各层级、覆盖各领域。全面落实基层党组织星级化管理，推动完善晋级升星、降级摘星评价体系。开展"学习身边榜样""双亮双比一争当"活动，深化"文秀先锋号"创建工作，推动党员户挂牌亮身份比形象、亮职责比业绩，争当"文秀先锋之星"，选树宣传一批身边榜样典型人物，激励广大党员干部争当新时代干事创业的排头兵。常态化开展农村发展党员违规违纪问题排查整顿，织密农村基层权力运行"防护网"，严格驻村工作纪律，加强管理考核和激励。全面推动乡镇扩权赋能，完善"乡镇吹哨、部门报到"机制，建强乡镇党委"龙头"，不断增强基层党组织的政治领导力、思想引领力、群众组织力、社会号召力。

三、增效聚能，基层组织堡垒全建强

创新工作载体，实施"123"工作法，聚力提升党组织凝聚力和战斗力，让党组织在基层一线充分发挥基层堡垒作用。

一面红旗强党建。在全县开展"整乡推进·整县提升"示范创建活动，健全完善"红旗乡镇""红旗村"等争创机制。"泗水缤纷"综合体核心区下甲镇荣获市级"党建引领红旗乡镇"称号，生态产业示范区加尤镇荣获市级"产业振兴红旗乡镇"称号，进一步发挥了乡镇党委强龙头作用，增强了乡镇担当作为、比学赶超意识。结合村情选定主题，打造了平怀村、加西村等30多个主题鲜明、特色突出的自治区五星级农村基层党组织样板，全县亮点基层党组织遍地开花。把下甲镇、玉洪瑶族乡、伶站瑶族乡、加尤镇等4个乡（镇）列为首批全区农村基层党建达标乡镇，首批达标村屯党组织74个，全县23个村共获38面红旗。

两块红墙促振兴。逐步在全县铺开建设"党员先锋承诺墙"和"乡村善治笑脸墙"，立足地域文化特色和环境风貌，突出产业发展、乡风文化、致富明星等主题，打造一村两块红墙。通过建设"党员先锋承诺墙"，让老百姓铭记凌云县优秀共产党员的无私奉献和伟大成绩，激励新一代共产党员和广大群众向前辈学、向先进学，助推凌云朝着更加美好的方向发展。"乡村善治笑脸墙"是乡村善治成果的最好展示，生动体现了凌云县群众积极乐观的生活态度，以及决战脱贫、决胜小康的精神状态，激励大家同心共建富裕美丽新乡村，不断发挥党员先锋模范作用，不断增强村党组织引领乡村振兴的凝聚力、战斗力，实现党建、乡村振兴"两翼齐飞"。截至2022年，共建设19个村28面"党员先锋承诺墙"，14个村14面"乡村善治笑脸墙"。

三篇文章夯基层。做好硬件软件大提升文章，按照"四统一"标准和"六有"目标，不断优化党群服务中心功能，全县110个村（社区）组织活动场所建筑面积均达到300平方米以上，在全市率先完成自治区关于村级组织活动场所标准化规范化建设目标。全面排查整顿农村发展党员违规违纪行为，排查出十八大以来相关线索37条。扎实开展基层党组织"星级化"评定，评选出凌云县机关五星级党组织3个、四星级党组织6个、三星级党组织9个。组织"文秀先锋之星"开展"先锋亮身份""先锋上讲堂"等系列活动。县应急管理局党委书记、局长王功理同志获习近平总书记亲自授予全国应急管理系统先进工作者表彰。全县获区市县"优秀共产党员"表彰40人，获市县"优秀党务工作者"表彰24人，获市县级"先进基层党组织"表彰25个。做好县乡村换届文章。科学谋划，加强领导，打好关爱牌、培育牌、制度牌、服务牌等"四张牌"，村"两委"换届选举实现5个100%，同时开展好村级换届后半篇文章。注重结构，发扬民主，顺利选举出凌云县第十三次党代会代表223名。精心组织，依法操作，配合市委选好配强新一届"两委"班子，29名县委委员和17名纪委委员都以满票、高票当选。规范程序，确保质量，选出26名综合素质好、参政议政能力强的党代表出席百色市党代会。做好帮带文章。组织村党组织书记领办基层党建创新项目，全县110个村党组织书记领办110个项目，不断提升村党组织书记履职能力；采取"1+1"结对帮带方式，实行五星村带无星村、红旗村带无旗村、集体经济强村带集体经济弱村，开展组织联建促提升、活动联合促争优、产业联兴促发展等"三联三促"活动共110余次。采取"县直部门班子成员＋乡（镇）领导班子成员＋驻村工作队＋培养对象"的"3+1"结对方式，采取"五个一"结对帮带措施，330名治村导师全方位开展帮带培养工作。

四、担当提能，选优配强"头雁"全先锋

以党的政治建设为统领，着眼于领导干部能力素质适应"十四五"时期经济社会发展要求，着力打造一支政治过硬、能力突出、作风优良的高素质领导干部队伍。

在干部选任上出硬招，激励干事创业。坚持好中选优，以换届为契机，组建

人员更年轻、专业素质更高、结构更合理的乡镇领导班子,涉及干部96人,其中女干部23人。根据凌云县"十四五"发展规划和各乡镇发展定位,针对不同乡镇发展需求,选拔了一批具有专业精神,熟悉乡村振兴、经济发展、新型城镇化、基层治理等工作的将才、帅才,例如,加尤镇聚焦城镇建设,下甲镇聚焦田园综合体建设,玉洪瑶族乡聚焦基层党建提质聚力等,设置适配人才岗位,做到人事相宜、人尽其才。

在选用渠道上出实招,释放队伍活力。采取"三荐一征"办法考察识别"三将"干部173人,充实到县乡年轻干部库中,实行动态管理,加强跟踪培养。从五方面人员中选拔进入乡镇领导班子15人,拓宽了乡镇领导班子成员的来源渠道。创立党委书记一票推荐制,将8位书记推荐人选均纳入乡镇年轻干部库,作为重点培养对象,优先予以提拔重用或职级晋升。创新工作方式方法,选派10名政法干部到8个乡镇挂任乡镇党委副书记、政法委副书记;加大对村"两委"干部的培养力度,择优选派2名优秀村党组织书记挂任乡(镇)党委委员。

在严管厚爱上出妙招,激发内生动力。坚持干部档案必审,违规违纪问题线索信访举报必查,干部监督档案必看,纪检、综治、信访等联审部门意见必听,做到有疑不用;严格落实党委(党组)书记和纪委书记在干部廉洁自律结论性意见上"双签字"制度,充分发挥单位党组织严格把关作用,坚决防止干部"带病提拔"。截至2022年,在干部提拔任用过程中征求县纪委、公检法、信访、审计等有关部门的意见共3421余条,全面了解拟选拔任用人选的情况,确保干部考察工作规范化。组织工作队员学习"1176"管理办法等相关制度,开展驻村工作队员谈心谈话活动,增进人文关怀,强化规范管理。为174名新任驻村工作队员接续人身意外伤害保险[200元/(人·年)],全力解决驻村干部后顾之忧。评选表彰2020年度"五最干部"暨"黄文秀式好干部"100名,优先对表现优秀的脱贫攻坚、乡村振兴一线干部进行提拔重用,2021年以来凌云县共提拔重用干部204人,涉及脱贫攻坚领域提拔重用130人,激发了广大一线干部干事创业的热情。

五、激励强能，人才引育管用全提质

坚持党管人才，全方位培养、引进、用好人才，持续巩固脱贫攻坚成果，为全面推进乡村振兴提供坚强的人才保障。

高位推动"汇"人才，持续强化"总动力"。把人才发展工作列入党委、政府中心工作，制定出台系列文件，从人才培养、激励政策创新、服务提升等方面提出多条含金量高、操作性强的政策措施，强化人才选用体制机制的统筹安排。用好用足人才工作载体，接收来自北京大学、中国人民公安大学、华南师范大学等高校的51名研究生到县开展对口支教。截至2022年，全县人才总量达到9832人，占全县总人口的4.46%。

形式多样"引"人才，提升柔性"牵引力"。实施"引凤回巢"和"引凤来凌""双引"行动，通过双选会、"红城汇智"招聘会等渠道，大力引进人才。主动与市人民医院结成医联体，创新"人、财、物、事"管理模式，由市人民医院院长亲任县人民医院院长，引进医疗专家小组共28人到凌云县人民医院进行帮扶，县人民医院、中医院均成功创建二甲医院。加强专业技术人才交流合作，深圳市盐田区选派医疗人才76人支援凌云医疗事业，百色学院农学院每年定期向凌云输送博士学位人才10人以上。通过考核的方式，分三批次引进各类专业紧缺人才42人。通过统一招考、双选会等方式引进各类专业紧缺和乡村管理人才267人。

政策支持"励"人才，激活旺盛"生命力"。出台《关于提高艰苦边远地区村校及教学点教师待遇保障水平的若干规定》《凌云县致富带头人培育工作实施方案》等政策，将乡村教师生活补助标准提高到1100元／月，投入2761万元培育1208名农村致富带头人。实现全县105个行政村"村村有村医"，村卫生室医生待遇按照当地村（居）民委员会副主任补助标准1800元／月予以落实，取得大专学历的增至2300元／月。开展村党组织书记跨村试任职，有6个村试行村支书职业化，每月基本报酬达3950元。全县每年安排不少于10套公租房用作各类人才在凌云县工作期间的政策性周转房，专项划拨115万元为14名"985""211"高学历人才落实安家、生活补助资金。

创新方式"育"人才，联动合成"凝聚力"。通过制定农村乡土人才选拔管理办法，建立乡土人才数据库，实行"有至少1名结对帮带人、有1个锻炼岗位、参加1次培训"的培养管理模式，将900名回乡创业青年、致富能手等优秀人才入库培养，并对8名拔尖乡土人才进行表彰，给予每人一次性奖励2000元。专项安排资金选聘7名"土专家"到乡镇、村开展农业技术指导、培训，向全县57个村每村选派1名科技特派员，培养农村致富带头人400余人。全县8个乡（镇）均已设立"绿领"人才工作站，对农村基层党员干部、致富带头人开展技能培训1000余人次，逐步形成一支适应农村经济发展需要的人才队伍。

支部引领篇

ZHIBU YINLING PIAN

编者按：习近平总书记强调：农村党组织在农村各项工作中居于领导核心地位。我们常讲，"村看村、户看户、农民看支部"，"给钱给物，还要建个好支部"。要加强农村基层党组织建设，把党组织建设成为落实党的政策、带领农民致富、密切联系群众、维护农村稳定的坚强领导核心[①]。基层党组织组织能力强不强，抓重大任务落实是试金石，也是磨刀石[②]。党的政策再好，也靠大家去落实。要把基层党组织建设成为坚强战斗堡垒，把党中央提出的重大任务转化为基层的具体工作，抓牢、抓实、抓出成效[③]。

凌云县注重加强基层党组织建设，牢固树立"一切工作到支部"的鲜明导向，以突出政治功能、提升组织力为重点，建强基层党组织班子，完善组织设置，强化党员管理，加强制度建设，创新工作方式，不断增强党的政治领导力、思想引领力、群众组织力、社会号召力。积极发挥基层党组织的政治优势、组织优势、制度优势、密切联系群众优势，创新党组织服务载体，构建"纵向到底、横向到边"全方位、立体化的服务网络，把党的工作渗透到产业发展、融入到生产生活、覆盖到全体群众，着力在农村经济社会发展、深化农村改革和保障改善民生的前沿阵地上发挥党组织功能作用，使党组织成为团结群众的核心、攻坚克难的堡垒。各村党组织扛起政治责任，在贯彻落实党中央和上级决策部署中发挥领导作用，在抓治理、兴产业、促发展、优服务中彰显党建引领力，营造共建共享共治的良好氛围，拉动了乡村振兴"红色引擎"，打造了一个个党建引领乡村振兴的示范样板，绘就了一幅幅产业兴、生态美、百姓富的振兴画卷。

---

① 在农村改革座谈会上的讲话（2016年4月25日）。选自《论"三农"工作》，中央文献出版社，2022年6月第1版，第205～206页。

② 在全国组织工作会议上的讲话（2018年7月3日）。选自《论"三农"工作》，中央文献出版社，2022年6月第1版，第225页。

③ 在河南考察时的讲话（2019年9月16日至18日）。选自《论"三农"工作》，中央文献出版社，2022年6月第1版，第227页。

泗城镇新秀社区：

红色引擎赋能善治　和美社区幸福花开

　　泗城镇新秀社区位于凌云县城西南面，东临泗水河，南至云台山公园与镇洪片区接壤，西连百乐二级公路与西村接界，东北与前进社区毗邻，辖区约1.5平方公里。社区现有常住居民4033户13012人，其中流动人口约2119人，共辖西溪、西苑、西灵、西秀、五指山、盘龙等6个小区，有7个商业住宅小区10个居民小组。社区组织设党委1个，下设党支部5个、党小组15个，有党员224名。新秀社区积极构建三级党组织服务载体，大力推行"网格＋治理"实践，打出自治、法治、德治、智治协同发力组合拳，乡村善治成效显著，先后获凌云县先进基层党组织、自治区五星级农村基层党组织，2016—2018年自治区无邪教社区、自治区综合减灾示范社区，以及百色五四红旗团支部、百色市"学雷锋志愿服务"优秀志愿服务社区等称号，2019年、2020年获百色市"生活富裕""治理有效"红旗村称号。

党建引领全覆盖，增添社区治理红色动能。 发挥基层党组织政治领导、思想引领和组织动员作用，推动党的工作向基层治理各领域覆盖，让基层党组织在抓治理促发展优服务中凝聚党心民心。发挥聚合资源"轴心"作用，设立社区党委"红色堡垒"、小区网格支部"红色微家"、示范户党小组"红色基点"三级党组织服务载体，入户听居民诉求、门前搞居民活动、楼栋解居民难事。通过看得见、摸得着、得人心的服务，营造了"党群携手并肩、勠力同心共治"的良好局面。

构建网格延触角，推动社区服务提档升位。 突出"便民服务"这一主题，把提升服务和管理水平作为首要任务，从群众需求出发，从工作细节入手，以服务群众、方便群众、造福群众为目标，打通为民服务"最后一公里"。创新升级打造"红色网格"，对原有党支部进行改选，将党员重新划分在各网格中，由党支部书记担任网格长。严格落实网格走访制度，建立网格微信群，通过"线上＋线下"方式，全面摸排居民需求，了解民情民意，把服务群众的触角延伸到每家每户。以"你派单，我跑腿"的服务模式，采用"当面接单""线上接单"相结合的方法，提升为民服务水平。

健全制度树新风，打造幸福和美社区样板。建立健全社区"一约四会""居民公约"制度，遏制社区红白事大操大办、奢侈浪费、盲目攀比之风，减轻群众负担。打击非法宗教迷信、黄赌毒等影响社会稳定的违法行为，积极培育社区良好民风家风，促进社区精神文明建设，推动社会主义核心价值观在社区落细落地。新秀社区居民公约获评百色市2022年十佳居民公约。

泗城镇后龙村：

党建引领聚合力　乡村振兴换新颜

　　后龙村位于凌云县城正东方向，属典型石漠化大石山区。全村无水田，旱地总面积789亩，荒山荒坡总面积2553亩，水资源匮乏，为典型的靠天饮水、生产自然村落。全村有20个村民小组24个自然屯，共521户2566人，其中瑶族人口占比86%。后龙村坚持党建引领，创新乡村治理模式，因地制宜发展种养产业，有力推动巩固拓展脱贫攻坚成果同乡村振兴有效衔接，先后获百色市"乡风文明"红旗村、百色市民族团结进步示范村等称号。

支部共建，凝聚合力。后龙村党支部深入开展党史教育，与自治区财政厅对口帮扶处室党支部、凌云县人民法院党支部结对共建，每年共同开展活动2次以上，组织支部党员到乐业县百坭村开展主题党日活动，提高支部凝聚力和向心力，为巩固拓展脱贫攻坚成果同乡村振兴有效衔接奠定良好组织基础。国家、自治区领导到后龙村视察指导，对后龙村党建促进脱贫成果巩固给予了充分肯定。

党群携手，美化环境。后龙村自然条件恶劣、群众思想封闭，在开展基础设施建设、"三清三拆"时，需要占用村民承包地，一些群众不了解政策、不支持工作。村"两委"和村党员带好头，从自家做起，并组队入户动员，把工作做到田间地头、做到群众心坎上，最终得到了群众的支持和配合。随着进村进屯硬化路、危房改造、污水整治工程顺利实施，群众都走上了平坦路、住上了稳固房、喝上了放心水，人居环境水平大大提升。

村企合作，做旺产业。优化"支部+合作社+公司+农户"运行模式，党员干部带头做、人民群众跟着干。成立后龙村养殖专业合作社，广泛筹集资金，建设后龙村高坡山猪养殖基地，年出栏生猪1200余头，为村集体经济创收。党员带动群众利用房前屋后闲置土地发展庭院经济，全村种植大果枇杷与牛心李1000余亩、山豆根800余亩、猫豆300余亩，村民依靠产业拓宽增收渠道，实现脱贫致富。

下甲镇河洲村：

促农增收有实招　乡村振兴有奔头

　　下甲镇河洲村位于凌云县东南部，历史文化底蕴深厚，资源丰富，交通便利，新旧两条凌百公路都穿镇而过，是凌云通往百色的交通要道。全村辖管23个自然屯32个村民小组，居住着壮、汉、瑶等3个民族，共1471户5876人。河洲村设党总支部，下设支部5个，有党员86名。河洲村积极探索助农增收办法，让更多村民共享改革发展成果，成效明显。先后获2019年自治区四星级农村基层党组织、2020年凌云县脱贫攻坚先进集体、2021年度自治区综合防灾减灾示范社区等称号。

稳岗就业促增收。村党总支借助后援单位广西交通投资集团力量，调动党员对村里未就业的劳动力开展"251"就业帮扶，提供就业指导、技能培训、岗位推荐等服务，每年带动70多人到高速公路相关项目中务工，每人年增收4万元，提高了群众的收入和生活质量。

利益联结促增收。探索"村集体＋公司"的乡村振兴运营模式，与广西凌锋聚能建设有限公司河洲分公司签订协议，由村委牵头提供劳务队伍，广西凌锋聚能建设有限公司河洲分公司提供项目，充分发挥村民主体作用，让全体村民共同参与到乡村振兴产业发展中来，实现"公司有盈利，群众能增收，村集体经济得到分红"三赢局面。2022年，村集体经济得到分红10700元，拓宽了村集体经济增收渠道。

公益帮扶促增收。按照县里关于开发公益性岗位的政策要求，合理开发设置公益性岗位，坚持"村委推荐＋村民自愿"原则，由村"两委"干部对片区家庭困难且有劳动能力的群众进行排查筛选上报，召开会议民主评议决策，切实帮助大龄人员、零就业家庭等解决就业困难。2022年，共开发固定性公益性岗位8个、乡村建设公益性岗位6个、护林员公益性岗位21个。

下甲镇彩架村：

红色基因代代传　突围精神助振兴

　　彩架村位于下甲镇东南部，距镇政府9公里，下辖5个自然屯14个村民小组，壮、瑶两个民族聚居，全村638户2961人，有党员28名。围绕红色文化、壮族文化，全力建设红色美丽村庄，先后获自治区三星级农村基层党组织、先进基层党组织、自治区卫生村、百色市"产业兴旺""乡风文明""生态宜居""生活富裕"红旗村等称号。

挖掘红色资源，打造党建品牌。彩架村是红八军战斗遗址所在地，有着悠久的红色革命历史。彩架村党支部深挖独有的红色教育资源，以"红八军突围精神""壮志凌云·永不言弃"的"第二次突围"精神和决战贫困决胜小康、追求美好生活的"第三次突围"精神为主要内容创建红色研学教育基地。近年来，彩架村坚持以党建为引领，依托红八军烈士纪念碑、红八军彩架突围战纪念馆、铁艺氛围墙等资源，设立红色故事"微党课"，邀请红军后代和抗美援朝老战士为村民和游客讲述红八军彩架突围战的感人故事。开展"红色故事进校园"活动，在彩架村红军小学开设红色课堂，从小抓好爱国主义教育。组建红歌合唱队，传唱红色歌曲，营造爱党爱国浓厚氛围。通过讲出来、唱起来、传出去等方式，突出彩架特色，讲好彩架故事，让革命精神深入人心，着力打造红色彩架党建品牌，全面推进乡村振兴。

搭建红色载体，实现治理有效。村党支部坚持党建引领，整合党员、青年志愿者等队伍组成红色治理网格，把全村划分为15个网格，每名村干部负责联系2个网格，在执行"一约五会"规定等日常生产生活中率先引领示范。以"我为群众办实事"实践活动为契机，创新建立"党建＋邻里自治"模式，同时通过"彩架议事亭""红色院坝会""红色公益基金""干部回乡·扮靓家园"等载体，解决群众的操心事、烦心事、揪心事，做到小事不出网格、大事不出村，矛盾纠纷及时化解。如今的彩架村，村容村貌越来越美，各族人民团结和谐，百姓幸福指数节节攀升。

开发红色旅游，推动农旅融合。彩架村采取抱团发展模式，积极带领全村群众大力发展种桑养蚕产业。全村638户中有400多户养蚕，桑园面积4800多亩，年产值800余万元，养蚕户年均收入2万元以上。同时，在农旅结合、文旅结合上下功夫，在产业链条延伸上做文章，积极探索"红色旅游＋乡村体验＋农特产品"的新兴产业发展模式，发展生态农业、红色民宿、餐饮休闲等，引进旅游开发公司开发唱一首红军歌、吃一餐红军饭、走一段红军路、住一晚红军床等"四个一"忆苦思甜体验活动，带动村民在家门口就业致富，发展壮大村级集体经济。推动红色美丽村庄提档升级，2021年成功创建国家AAA级旅游景区，真正让村庄变成了景区。

下甲镇弄福村：

党旗领航　汇聚乡村振兴"红色力量"

弄福村位于下甲镇东南面，距镇政府18公里。全村辖12个村民小组6个自然屯，有壮、瑶、汉3个民族聚居，共398户2070人，其中劳动力1112人。设党支部1个、党小组2个，有党员27名、预备党员1名、发展对象2名。经济作物以桑叶、玉米、红薯和中药材山豆根、三叶青为主，养殖业以养羊、生猪、肉鸡为主，产业基础好、资源丰富，交通便利。弄福村推行"党支部＋经济联合社＋农户"的"党建＋"模式，助推农业产业高质量发展，带动群众增收致富。先后荣获中国少数民族特色村寨、自治区三星级农村基层党组织等称号。

"支部+产业"，引领发展。成立互助服务小组，采取集中帮、相互帮等方式，帮助群众树立发展信心，从技术、信息、物资等方面进行扶持，解决青壮年外出务工导致

的劳动力缺乏的问题。2022年，全村整合各级各类资源大力发展种桑养蚕产业，种桑园面积800多亩，建成标准化蚕房38间，产值230万余元，养蚕户年均收入4.6万余元，全村人均纯收入达0.7万余元。坚持"桑蚕＋旅游产业发展为主、其他产业协同发展"的路子，因地制宜发展三叶青产业20亩。

"支部＋企业"，增加创收。结合本村实际，多次召开党员、群众会议，学习惠农政策，探讨产业发展方向。2022年，重新规划土地、产业布局，采取"支部＋企业"的模式，通过与凌云县农投公司联营合作发展产业、与凌云县振凌公司合作购置商铺出租，实现村级集体经济年创收13.5万元。

"第一书记＋校园"，扶智振兴。深入开展"第一书记进校园"活动，依托后援单位广西交通投资集团整合资源，开展"党旗领航·文化振兴"主题活动，引导青少年学生树立正确的价值观，提升乡村青少年素质，发挥"第一书记＋校园"的"1＋1＞2"的效应。

下甲镇双达村：

党建引领风帆劲　乡村振兴谱新篇

　　双达村位于下甲镇西南面，距镇政府7公里，距凌云县城17公里。全村总面积18平方公里，耕地面积1173亩。下辖19个自然屯22个村民小组，共有682户3157人，村"两委"成员8人，支部党员41名。近年来，村党支部立足实际，充分发挥党组织战斗堡垒作用和党员先锋模范作用，以"党建强基夯基础，改善民生促和谐，为民办事树形象，建设和谐富裕双达"为目标，将基层党建与各项工作有效衔接，推动了全村经济社会全面发展，先后获自治区三星级农村基层党组织、百色市"产业兴旺""生活富裕""乡风文明""生态宜居"红旗村等称号。

聚焦组织振兴，配强"两委"队伍。双达村利用村"两委"换届契机，吸收高素质的年轻党员同志进入村"两委"班子，"两委"班子成员平均年龄38岁，富有朝气，干事创业的激情高昂。同时，双达村以党史学习教育为契机，主动加强学习，开展革命先烈无私奉献、艰苦奋斗的典型事迹教育活动，促进村干部担当作为，改进村"两委"干部队伍的工作作风，提升组织力、凝聚力和执行力。注重培育壮大党员队伍，新发展党员1名，培养发展对象1名、入党积极分子1名。

聚焦产业振兴，拓宽致富路子。双达村依托富饶的土地资源优势，多措并举发展油茶产业。全村油茶林面积2万亩，全县110个村（社区）集体入股，创建市级油茶产业（核心）示范园区。坚持"一产延伸、二产突破、三产融合"的发展理念，推进油茶产业从育苗、种植、加工到销售全产业链开发，助推农业现代化提质增效。在"一产延伸"方面，与自治区林科院油茶研究所深入合作，建立约50亩油茶种质资源苗圃示范基地，推广培育高含油油茶苗，并争取将其列入国家油茶种质资源目录。在"二产突破"方面，积极与自治区林科院、凌云县林业局合作，谋

划建设占地约10亩的油茶加工厂，实现油茶精细化加工，并申请注册"双达油茶"商标。在"三产融合"方面，双达村与广西交投集团公司下属的山乡公司及长江天成有机生态农业公司达成产品销售协议，助推"双达油茶"走出凌云大山到大市场平台销售，同时计划再建立油茶科技体验中心，带动第三产业快速可持续发展。双达村还引导能人带动发展中草药产业，助力村民增收和村集体经济可持续增长。全村种植板蓝根、砂仁、五指牛奶、黄芪、黄芩、何首乌等中药材面积达400余亩，中药材半成品远销安徽、江苏及广西玉林等地，产品供不应求。2021年，慧琛中药合作社销售药材120多吨，营业收入突破100万元，带动药农增收20余万元。村级集体经济收入达20.69万元，村民年人均纯收入达到1.4万元，成为名副其实的富裕村。

聚焦生态宜居，加强乡村规划。在县委、县政府统一部署下，双达村邀请北京大学规划设计院对2022—2035年村庄用地、房屋布局、基础设施建设等进行了科学规划，形成村庄建设方案，长期指导双达村建设美丽富强文明和谐新村。2021年，驻村工作队主动争取各级资金134万元，进行那灯、那龙、力利屯产业道路硬化、活动场所建设、水柜维修等，改善群众的生产生活条件。2021年，双达村6个屯被纳入"两高"人居环境提升改造建设项目中，开展"三清三拆"工作，拆除私搭乱建100多处，实施白墙蓝瓦格调的统一立面改造，村庄面貌焕然一新。房前屋后重新规划建设微菜园、微果园，村庄一年四季瓜果飘香、绿树成荫。

聚焦乡风文明，强化多元治理。双达村着力推动法治与德治结合，出台村规民约，成立红白理事会、道德评议会、村民议事会和禁毒禁赌会，大力开展乡风文明建设。村级新时代文明实践站、农家书屋、篮球场、戏台一应俱全，9个屯已建有文化活动场所，村民精神文化生活富足，精气神明显提升，获得感和幸福感大大增强。通过"第一书记夜话"、文化长廊宣讲、村级微信公众号服务平台等，大力弘扬社会主义核心价值观，厚植爱国主义和热爱家乡情怀。开展文明家庭、典型人物评选活动，涌现出以百色市首批最美农民何绍周为代表的一批新农民典型。

下甲镇水陆村：

红色创客 "薯"我争先

　　水陆村平里屯位于泗水河岸边，距县城6公里，辖4个村民小组，共有122户485人，有党员13名。该屯以红薯粉加工为主导产业，有110户农户参与红薯粉生产，原料主要来自县内及乐业县、贵州省等。2022年产红薯粉近65万斤，年总产值1100余万元，户均纯收入2万元。平里屯创新"党小组＋公司＋创客"模式，按照功能区域、治理要求等成立坊间党小组、商街党小组、治理党小组3个党小组，将全屯13名党员划入相应党小组，带领群众参与到产业发展、产品销售全链条管理、乡村治理中。先后获自治区三星级农村基层党组织、自治区卫生村、百色市民族团结进步示范村等称号。

把党小组建在坊间生产一线。设置坊间党小组，引进先进经营理念，加强与县供销社合作经营，投入414.29万元建设红薯粉集中加工厂，规范红薯粉加工制作流程。党员深入红薯粉生产加工一线，监督红薯粉加工制作工序，保证红薯粉品质，提升平里红薯粉品牌知名度，打造党建引领产业振兴示范点，直接带动50人就业，间接带动1000人就业。实行加工厂、村集体、农户分红制度，将利润的40%返还给平里屯农户，安排利润的一定比例作为村级集体经济收入，每年集体经济收入可达到11.4万元。

把党小组建在商街销售一线。设置商街党小组，强化对红薯粉产品销售的统一运营管理，与县买县卖公司合作投入180万元，把平里屯商业街8间商铺合理利用起来，建设凌云特色农产品超市、平里红薯粉主题商街、平里电商服务站、红薯粉销售商铺，组织群众、商户充分利用县买县卖、商街廊亭电商网点、现场零售等平台进行线上线下销售，大大提升了平里红薯粉的知名度。每间商铺收取销售产值的0.5%作为分红，纳入村级集体经济收入。支持党员能人带头创业致富，"创客"领办红薯粉生产销售，统一红薯粉生产标准，诚信经营、打造品牌，让红薯粉产得出、卖得好，村集体和公司、创客结成利益共同体，实现产业兴旺、共同富裕。

把党小组建在环境治理一线。设置治理党小组，将基层党建网格与治理网格的设置紧密贴合起来，形成一个纵向到底、横向到边的治理体系，在整治环境卫生、维护秩序、调解矛盾纠纷等方面发力，有效推进屯内风貌改造，制定了平里屯垃圾分类清运制度等5项制度，啃下乡村治理硬骨头。哪里有环境问题、哪里有安全隐患、哪里有矛盾纠纷，哪里就有治理党小组党员。实施"日走访、周分析、月汇总"的治理工作制度，推动乡村治理从"有形覆盖"到"有效覆盖"。

朝里瑶族乡羊囊村：

共建共享共治　瑶寨蝶变新风貌

羊囊村位于朝里瑶族乡东北部，距县城17公里。全村总面积29平方公里，辖10个村民小组，是纯瑶族聚居的土山村落，共280户1410人，设党支部1个，下设党小组2个，有党员32名。2022年，该村以"干部回乡·扮靓家园"大行动为契机，选取果立屯为示范点，实施综合环境治理项目，着力改善村容村貌，提升群众生活质量。先后获自治区三星级农村基层党组织、百色市"生态宜居""生活富裕""乡风文明"红旗村等称号。

　　强化组织引领，把准建设发展方向。开展"第一书记夜话""院坝会议"等活动6次，每家每户派出群众代表共40余名，干群共同协商、深入沟通，明确村级项目实施内容。发挥党员同志生活在本村、最了解群众生产发展需求的优势，调动党员做好群众思想工作，把发展产业、强化环境综合整治的信心和决心传递到每一位群众心中，推动群众达成思想共识、行动共识，积极参与到产业振兴、美丽宜居乡村建设中来。

　　突出群众主体，激发共建共治意识。立足于群众是环境综合整治成果的受益者，充分尊重群众意见，发动群众共同建设、共同维护美丽乡村。在果立屯示范点建设过程中，村"两委"干部积极与业主单位沟通协商，聘请30多名群众直接参与建设，实现了群众在家门口就业增收，营造了共建共享共治的良好氛围。

抓实教育宣传，凝聚团结奋进力量。聚焦宣传党的二十大精神、铸牢中华民族共同体意识、弘扬中华优秀传统文化等主题，利用宣传栏、文化广场、路边挡墙印制宣传标语4条，制作宣传展板14面，开展宣传文艺汇演2次，将党性教育和爱国教育融入日常、融入经常，教育引导党员群众感党恩、听党话、跟党走，凝聚了团结奋进的力量。

朝里瑶族乡六作村：

传承优秀传统文化　唱响乡村振兴大戏

六作村是朝里瑶族乡政府所在地，全村辖3个自然屯7个村民小组，共375户1599人，有党员34名。六作村那巴屯壮族传统文化氛围浓厚，至今保留着较为完整的歌圩文化。六作村坚持党建引领，大力加强农村精神文明建设，继承好、发展好那巴北路壮剧非物质文化遗产，全力推进乡村文化振兴，铸牢乡村振兴之"魂"。六作村先后获自治区"美丽广西"乡村建设绿色村屯、自治区农村社区建设试点社区、自治区卫生村、百色市乡村治理示范村、凌云县无传销社区（村）等荣誉称号。

党建与服务民生同频共振。该村党支部坚持开展每周召开一次例会、每月亮一次工作成效、每季度上一堂党课、每半年梳理一批民生问题的"四个一"活动，村"两委"干部服务群众的能力水平进一步提升，党群共建基础不断夯实。

党建与基层治理同向同行。通过设置党员监督岗、文秀先锋岗，引导党员带头开展村屯环境治理、"三清三拆"工作，积极开展"文明卫生户""最美系列"示范评选活动，有力推动了乡村风貌改造和精神文明建设。

党建与传统文化共融共生。充分依托那巴文化广场，创新排演《那巴歌圩颂党恩》《那巴歌圩建党百年颂歌》等具有地方特色且体现新时代红色传承的北路壮剧，自编自演群众喜闻乐见的节目，传承传统技艺，将新时期先进理念融入传统壮族文化发展中，把那巴北路壮剧非物质文化遗产发扬光大。

伶站瑶族乡那留村：

党建引领产业发展　乡村振兴迸发活力

　　那留村地处伶站瑶族乡西北部，全村以壮、瑶两个民族聚居为主，辖9个自然屯9个村民小组，共308户1346人。设党支部1个，党小组3个，有党员33名。那留村坚持加强党组织建设，通过引入龙头企业、邀请专家团队实地指导等方式，充分利用自然资源，积极发展特色产业，实现村级集体经济收入持续稳定增长。获2016年度自治区三星级农村基层党组织称号。

建强组织阵地，提升服务功能。充分发挥党建引领作用，激发基层党建工作活力，加强基层党组织战斗堡垒作用。按照"四统一"标准和"六有"目标，建设了440平方米的村级组织活动场所，修缮村级党员活动室，优化党群服务中心功能，把党群服务中心建设成为党领导基层治理、服务群众的重要平台。

加强支部引领，推进强村富民。2021年以来，那留村因地制宜发展特色产业，创新"支部＋合作社＋基地"的发展模式，采取"高集约化棚舍笼养＋散养"的养殖方法，扩大凌云乌鸡养殖规模，带动80余名村民在家门口就业，实现村民和村级集体经济双增收。2022年村级集体经济收入达12.2万元。

　　强化示范带动，开辟发展新路。充分利用本村优越的自然资源和区位优势，采取"村股份经济联合社＋致富能人＋农户"的模式，投入199万元建设那留村陆基水产养殖基地约8亩，通过蔬菜、微生物、藻类和滤食性鱼类的生态互利作用，实现养殖尾水的资源化利用。2023年，第一批次投苗约5万尾，产量5万斤，可增加村级集体经济收入10万元以上。

支部扎根合作社　党员带头强发展

平兰村位于凌云县伶站瑶族乡，全村辖14个自然村屯，共546户2473人，有党员34名。全村可耕地面积约1039亩，以种植水稻、玉米、甘蔗等农作物为主。

该村把党组织建在产业链上、党员聚在产业链上、群众富在产业链上、品牌树在产业链上，探索推行"党支部＋公司＋经济联合社＋农户"党建助推农业产业发展模式，带动村民致富。先后获自治区三星级农村基层党组织、自治区综合减灾示范村、自治区卫生村、百色市"生态宜居"红旗村等称号。

党支部下沉强化组织保障。该村按照"村社联建"模式，在经济联合社设立党小组，激发了农村党组织发展产业的内生力，村级集体经济发展更有保障。

党村企民联动促产业振兴。采用"党支部＋龙头企业＋经济联合社＋农户"模式，与凌云县农业投资开发有限责任公司、县优果维多农业发展有限公司合作，三方共建150亩百香果示范基地。开展联合党建活动，定期举办现场教学和知识小讲堂，有效破解产业技术难题。

党员引领示范助共同富裕。设立"党员示范区""党员之家",通过党员带头示范,使更多农户加入土地流转。在村产业项目实施中,村党支部坚持公平、合理分配原则,逐户统计剩余劳动力,统一调配轮流上工。开展土地流转和集中经营,"土地租金+务工"双收入使基地周边23户脱贫户增收致富。

沙里瑶族乡龙化村：

亲民众解民忧　全民共治向振兴

　　龙化村位于沙里瑶族乡西北部，距离乡政府所在地8公里，辖13个村民小组，居民以壮、汉、瑶3个民族为主，总人口338户1471人。党支部设党小组2个，有党员27名。以发展养蚕、八角、油茶特色产业为主。该村充分发挥以县委组织部为后盾单位的优势，由乡镇党委引领，构建"一委两会三中心"乡村治理组织体系，发挥基层党组织战斗堡垒作用，推动乡村治理从单向管理向多元共治转变，打造乡村治理典范。先后获自治区五星级农村基层党组织、百色市"乡风文明""治理有效"红旗村、2018年凌云县五星级党组织等称号。

加强基层组织建设，筑牢乡村治理根基。强化党组织的政治功能和服务功能，组织成立由支委委员担任成员的村民理事会、乡村综治中心、乡村新时代文明实践站、"智慧乡村"综合管理服务中心，做好"文秀先锋岗"创建，对无职党员进行设岗定责，引导其参与龙化村自治、法治、德治、智治各个环节，把党的领导贯穿村务治理全过程，发挥党员先锋模范作用。

推进党群联合共治，培育乡村文明新风。在征求群众意见基础上，经过村"两委"、村党员大会和村民代表大会讨论制定了村规民约，成立村民理事会、道德评议会、禁毒禁赌会、红白理事会4个村民自治组织，革除农村陋习，让红白事从简、喝酒赌博变少、环境卫生改变，树立新风尚，让村风民风美起来。

树立依法治村理念，提升乡村法治水平。建立乡村综治中心，落实一村一警务助理制度，成立法律志愿服务队，进屯入户开展法律宣传教育。与司法所、派出所等上级机构一同形成上下协同治理体系，科普法律知识，让自觉遵纪守法的理念深入人心。积极调解群众矛盾纠纷，把问题解决在村屯、把隐患消除在萌芽，做到事事有人盯、出事有人管，党员主动贴近民众、为民解忧，实现"大事不出村，小事不出屯"目标。

沙里瑶族乡弄谷村：

支部引领架起致富桥　联建共创织就同心结

　　弄谷村位于凌云县沙里瑶族乡，距县城35公里，距乡政府15公里。共有13个自然屯10个村民小组，全村农户均为瑶族。设党支部1个，下设党小组2个，有党员23名。全村现有耕地1262亩，其中旱地1200亩、水田62亩；经济林2500亩，生态林5000亩。群众收入来源主要为外出务工和经营经济林，特色产业为山豆根。2020年获百色市"乡风文明"红旗村称号。

支部联建，筑牢基层组织堡垒。建立支部联建机制，村党支部与后援单位、企业开展结对共建，定期走访、相互交流。党支部在思想、物资、技能和就业等方面得到后援单位帮带帮扶，切实增强了服务能力。党支部联合后援单位党组织开展"三会一课"、主题党日、组织生活会、集中学习党史教育、"我为群众办实事"等活动，着力推动长期合作，形成长效机制。2022年，召开党员大会4次、支部委员会12次，开展专题党课活动4次、主题党日活动12次。

活动联谊，丰富乡村文化生活。结合"第一书记进校园""院坝会"等活动，党支部与后援单位加强党建活动联谊，组织策划开展亲子携手游学活动，到南宁进企业、进科技馆、进大学校园等。联合驻村第一书记、后援单位青年党员、团员代表到弄谷村小学开展"爱心大讲堂""六一"慰问活动。

技术联系，助推特色产业振兴。党支部积极探索发展山豆根种植特色产业，加强对种植户培训，邀请广西中医药管理局、广西药用植物园等单位的专家到村开展实地指导，对群众进行药材种植培训，累计培训100余人次，使群众通过山豆根种植实现增收。

逻楼镇安水村：

用好"支部+" 加出富民好光景

安水村辖20个屯，共有402户1369人。该村有效发挥党的领导这一最大制度优势，坚持党建引领，用好"支部+"发展模式，全面推进乡村振兴，稳步走上强党建助振兴的发展之路。先后获百色市"生态宜居"红旗村、民族团结示范村、乡村治理示范村、移风易俗示范村及凌云县脱贫攻坚先进集体等称号。

"支部+联合社"，让组织更红。充分发挥村党支部在乡村振兴中的牵头抓总作用，推行"支部＋村集体经济联合社"发展模式，让村级集体经济联合社在"红色力量"的牵引下，群众认可度、参与度更高。在党支部引领下，精准布局，选准桑蚕产业大力推进发展。全村有桑园面积300亩，建有标准化蚕房30间、面积1800平方米，小蚕共育室1座、面积100平方米。6名党员带头种桑养蚕，辐射带动全村80余名群众积极参与，有效带动全村集体经济增收、群众致富。

"支部＋公司"，让运营更顺。党支部牵头引进乌鸡养殖企业凌泰公司进驻，发展乌鸡养殖产业，不断拓宽发展与增收渠道。村"两委"发动党员同志参与土地流转及前期一系列服务工作，为企业进驻提供优质高效服务，让企业进驻顺心、发展放心。"支部＋公司"的运营模式保障了企业经济效益和群众利益双丰收。

　　"支部+群众"，让面貌更新。安水村坚持党建引领、自治为基、法治为本、德治为先的乡村治理模式，党支部带动全村群众争创文明乡村。"十三五"时期争取各级资金投入3000余万元用于村基础设施建设，村容村貌发生巨变，逐步成为全镇生态宜居典型村。通过制定村规民约，组建"四会组织"，有效提升乡村治理的"内生动力"。深入开展法治宣传教育，增强群众法治观念，建立村级人民调解委员会，强化预防和化解农村社会矛盾机制建设，强化道德教化作用，培育社会主义核心价值观，弘扬"孝、善、和、诚、俭、美"传统美德。积极开展"五最农民""最美老人""优秀少年"等先进典型评选活动，发挥先进典型示范带动作用。

逻楼镇林塘村：

党群一心　汇聚振兴伟力

　　林塘村下辖10个自然屯13个村民小组，共372户1686人，设党支部1个，下设党小组2个，有党员30名。林塘村党支部按照党建引领、补齐短板、党群合力的思路，坚持党的群众路线，团结带领党员群众，推进党支部建设规范化标准化，聚焦问题补短板，着力改善人居环境等，为推进乡村振兴提供坚强保障。

坚持党建引领，筑牢思想根基。以村"两委"换届选举"回头看"为契机，加强村"两委"班子政治理论学习，党支部召开学习宣传贯彻党的二十大精神会议2次，到各屯集中宣传党的二十大精神10次。先后组织党员观看《新闻联播》等对优秀共产党员事迹宣传节目7人次，观看"名家云直播"之"坚定文化自信 重铸大国之魂"10人次，观看"名家云直播"之"聚焦党的二十大 正确认识和持续推进中国式现代化"以及"践行党的二十大精神 精准把握中国经济发展新航向"党课各1次。

激发组织活力，凝聚发展合力。发挥组织引领作用，通过遍访、"第一书记夜话"、"听民声 话振兴"院坝会活动，到群众中了解村情民意，解决一批群众急难愁盼的问题。利用第一书记专项经费和帮扶经费累计13万元购置一批办公耗材设备，安装屯级公开栏8块，安装太阳能路灯24盏，布置新会议室1个，清理全村塌方的屯级道路4条、产业路6条。利用党组织服务群众专项经费5万元为朗交屯、那排屯安装路灯24盏。利用对接后援单位县委统战部资助的6000元清理林塘村林场坳至林河屯、新寨屯道路塌方，及时畅通林河屯、新寨屯295人的出行。

　　党群联动共建，缔造和美家园。依托凌云县享受民族自治县待遇30周年、民族特色村寨项目建设契机，新建生态停车场1处，房屋外立面改造50户，安装照明灯50盏，美化亮化村屯环境，村屯面貌焕然一新。开展人居环境整治行动，以"干部回乡·扮靓家园"为抓手，党员领导干部、村"两委"干部带头，组织村民群众、保洁员广泛参与，迅速掀起"三清三拆"等工作热潮，开展"三清三拆"活动3次、卫生环境大扫除10次，不断打造整洁有序、生态宜居的人居环境，提高群众生活质量。

逻楼镇新洛村：

激发群众自治活力　共建宜居宜业乡村

　　新洛村位于逻楼镇西北部，距县城48公里，辖18个村民小组43个自然屯，共713户2607人，辖区80%为石漠化山区，20%为土山区。新洛村设党支部1个，下设党小组3个，有党员35名、积极分子5名。现有耕地2700亩、经济林1.25万亩、生态林3万亩，群众收入来源主要为劳务输出和种养，特色产业有桑蚕、油茶、八角、沃柑、柠檬、猪、牛、羊、鸡等，覆盖全村98%以上农户，覆盖100%脱贫户。新洛村大力发动群众参与乡村环境治理，不断向着宜居宜业的和美乡村迈进，先后获自治区四星级农村基层党组织、自治区卫生村，凌云县五星级基层党组织、凌云县文明村、凌云县平安村等称号。

支部统筹，点亮乡村振兴路。发挥党组织总揽全局协调各方的领导核心作用，扎实开展"第一书记夜话"活动和"遍访"工作，通过走村串户、与群众拉家常，了解群众生活生产情况。统筹协调各方资源积极解决群众困难，利用第一书记专项扶贫经费及村党组织为民服务经费、爱心公司捐赠、群众所捐资金人力等，安装路灯125盏，惠及8个屯344户1287人，解决群众晚间出行照明问题，照亮了新洛村的"乡村振兴路"。

尊重民意，污水处理见成效。坚持治水先治污、治污抓源头，积极争取污水处理设施项目3个，召开村民议事会，围绕污水处理项目用地、后续管护等问题研究讨论，让群众全程参与其中，不断提高群众主人翁意识，改变传统的"等、靠、要"思想。鼓励群众自筹资金补贴项目建设，建设3个污水处理项目，建设用地面积达675平方米，惠及3个屯共170户688人，群众自筹资金5.14万元。污水处理项目的实施，解决了农村生活污水乱排乱放的问题，改善了人居环境。

共建共管，饮水安全有保障。新洛村面积的80%属喀斯特石漠化山区，水资源匮乏，群众饮水成了难题。通过探索农村集中供水管理办法，率先在那介等5个屯设立集中供水管理员，采取群众自筹等方式对辖区的水柜和水管进行管护、巡查、维修，彻底解决了常年困扰当地群众的饮水问题。近年来，当地群众自筹管护经费达6.8万余元，形成了"饮水千万家，管理靠大家"的共管意识，饮水安全得到有效保障。

加尤镇央里村:

"党建+"跑出乡村振兴"加速度"

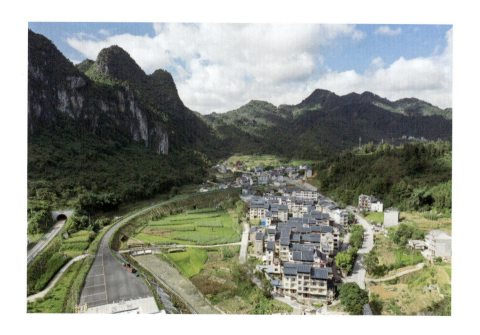

　　央里村位于加尤镇的南部，距镇政府所在地6公里，地处乐百高速公路收费出口，交通便利。全村下辖26个村民小组32个自然屯，共937户4038人，有党员49名。全村总面积25平方公里，村民收入来源以水稻、玉米、茶叶、八角、油茶等经济作物种植为主，外出务工为辅。先后获自治区三星级农村基层党组织、百色市乡村治理示范村等称号。

"党建＋企业"，助推产业振兴。村党支部与浪伏茶业、凌春茶业、绿涛茶业、南里湾农家乐等多家龙头企业合作，实施低产改造茶林2500亩、油茶林2000亩，吸引凌云县最大茶业生产基地和特色产业百香果种植基地相继落户央里村。创新"党建＋公司＋村级集体经济"发展模式，积极与农投公司联营合作发展产业、与振林公司合作购置商铺出租、与百香果基地联营发展特色产业，通过分红获得集体经济收入。村党支部还与广西交通投资集团凌云县支部合作，在其帮助下购买凌云县镇洪体育公园片区幸福家园商铺186.83平方米，央里村占股20%，通过分红获得稳定收益。

　　"党建＋治理"，实现治理有效。近年来，党支部积极申请项目资金，实施9个自然屯的通屯道路硬化、人饮工程建设、

宽带网络安装、农网改造等。对"两高"沿线的坡脚屯等7个点实施了整屯立面改造，村"两委"党员干部带头拆除自家旧房和旱厕，带头开展房前屋后"三包"，带头支持施工单位进场建设，做通群众思想工作，调解难点纠纷。通过对村内基础设施和公益事业的投资建设，村容村貌得到大大提升，让农民真真正正地得到了实惠，切实享受了改革与发展带来的成果。

"党建+文化"，引领乡风文明。央里村在乡风文明建设中，多方位挖掘传统文化的独特魅力，组建历史文化遗产传承队伍——山歌队和舞龙队，依托央里村旅游产业共融发展，促进乡风文明。

玉洪瑶族乡伟利村：

强化组织引领　描绘乡村振兴蓝图

　　伟利村位于玉洪瑶族乡乡政府北面，距离乡政府32公里，距离县政府38公里。全村辖4个自然屯9个村民小组，共有229户963人，其中脱贫户176户。设党支部1个，下设党小组2个，有党员25名。全村耕地面积882亩，林地面积20212.5亩，森林覆盖率81.6%。主要产业为八角、茶叶、油茶，有八角9003亩、油茶720亩、茶叶478.5亩。2022年村级集体经济收入11.01万元。

　　建强基层党组织，筑牢战斗堡垒。持续筑牢基层堡垒，打造过硬队伍，提升基层党组织政治功能和领导力、组织力、执行力，以高质量党建引领乡村振兴发展。开展"无职党员设岗定责"活动，设置"文秀先锋岗"，引导党员领岗亮诺。采取"党支部＋志愿队"形式，以"干部回乡·扮靓家园"大行动为契机，发动党员、干部、能人回村开展人居环境整治5次，带领群众清扫房前屋后、村落河道，村屯风貌明显提升。

　　提升科技支撑力，助推产业发展。坚持以八角为主导，以茶叶、油茶为辅的产业发展模式，想方设法做大做强特色产业。积极开展产业技术培训，邀请县乡村振兴局、人社局到村开展八角病虫害防治技术培训3次，培训300余人次，发放宣传资料300份，提高村民管护八角、油茶的能力，进一步夯实富民产业基础。2022年人均可支配收入增加达3000元以上。

推行网格化管理，强化乡村治理。建立片区网格化管理制度，按照"定人定岗，包片负责"模式，把村干部划分到9个村民小组网格中，每个片区由一名村"两委"成员负责，由各组组长担任网格长，发挥本村干部分片负责的效能，有效推进乡村治理。

玉洪瑶族乡岩佃村：

深耕养鸡产业　助力乡村振兴"加速跑"

　　岩佃村距玉洪瑶族乡政府所在地10公里，下辖7个自然屯7个村民小组，共247户1164人，设党支部1个，下设党小组2个，有党员34名。该村充分发挥党建领航作用，大力发展林下养鸡促增收。先后获自治区三星级农村基层党组织、自治区卫生村、百色市"产业兴旺"红旗村、凌云县平安村（社区）、凌云县现代特色农业村级示范点等称号。

强化党建领导，凝聚强大合力。村党支部充分发挥领导核心作用，切实加强对村级自治组织、群众组织、经济组织的领导。组织村委会成员学习党的路线、方针、政策和国家法律，指导其制定和实施本村经济、文化教育、公益事业等发展规划和重要计划，在重要方面把关定向；加强对共青团、妇联、民兵等群众组织的领导，凝聚群团力量；指导合作经济组织根据村资源和市场需求，制定经济发展规划和年度生产计划，做好论证立项，推动经济发展。

深耕养鸡产业，拓宽增收渠道。采取"村集体+企业+农户"经营模式，创建林下养鸡产业示范园，大力发展林下养鸡，村集体每年获得7%固定分红。2020—2022年，示范园带动全县1500余户农户参与养鸡产业发展，共出栏肉鸡20.38万羽，发放（出售）鸡苗20.5万羽，产值2500万元。带动6人到示范园基地长期务工，发放工资48.6万元，带动群众务工收入达6万多元。拓宽村级集体经济增收渠道，利用财政扶贫专项资金120万元新建鸡舍2000平方米，配套建设自动喂料及饮水设备。2022年出栏肉鸡5万羽，产值达到400万元，为村级集体经济增收11.1万元。

强化文化引领，铸就文明新风。加强民主与法制建设，提高村民法治意识，调解疏导民事纠纷，化解社会矛盾，引导群众把依法保护自身的合法权益和依法履行应尽的社会义务统一起来。加强基层组织建设，扩大基层民主，深化村务公开制度。采取多种措施提高村民整体素质，建设一支有文化、懂技术、会经营的高素质农民队伍。开展和谐家庭、和谐村组创建活动，开展丰富多彩、富有特色的科普文化活动，发挥群众首创精神，依靠科技兴农，建设美好的社会主义新农村。

先锋示范篇

编者按：习近平总书记强调:提衣提领子，牵牛牵鼻子。办好农村的事，要靠好的带头人，靠一个好的基层党组织①。村党支部和村委会成员要搞好团结，心往一处想，劲往一处使，齐心协力把乡亲们的事情办好。党的农村政策，最终要靠广大基层干部来落实②。党员干部要到脱贫攻坚的一线、到带领群众脱贫致富的火热实践中历练，经受考验，磨练党性，增进群众感情，增强做好工作的本领③。

凌云县从党建入手抓村级干部队伍建设，加大村"两委"干部培养力度，选优配强"两委"班子，同时多举措激发"两委"干部、党员作为乡村振兴"擎旗手""领头雁""排头兵"的内生动力，以"头雁"领航作用助推乡村振兴高质量发展，形成头雁示范、雏雁成长、群雁齐飞的乡村振兴发展新局面，将组织优势转化为发展优势。各村第一书记、党支部书记强化政治引领，当好乡村振兴"擎旗手"，高举红色旗帜，大力宣传贯彻党的路线、方针和政策，广泛团结群众，引领群众听党话、跟党走。"两委"干部强化担当意识，当好共同致富"领头雁"，用活惠农政策，增强农村发展后劲，大力发展特色产业，壮大集体经济，促进产业兴旺。调动群众的积极性、主动性和创造性，带领群众融入乡村振兴新实践，依靠勤劳双手脱贫致富，共享乡村振兴果实。党员发挥先锋模范作用，当好干事创业的"排头兵"，在各项工作中亮身份、践承诺、做贡献、树形象，一名党员立起一面旗帜，做给群众看，领着群众干，汇聚群众磅礴力量，破除发展障碍，带领群众走上乡村振兴幸福路。

---

① 走中国特色社会主义乡村振兴道路（2017年12月28日）。选自《论"三农"工作》，中央文献出版社2022年6月第1版，第254～255页。

② 在农村改革座谈会上的讲话（2016年4月25日）。选自《论"三农"工作》，中央文献出版社，2022年6月第1版，第206页。

③ 在重庆考察并主持召开解决"两不愁三保障"突出问题座谈会时的讲话（2019年4月15日至17日）。选自《论"三农"工作》，中央文献出版社2022年6月第1版，第226页。

泗城镇上蒙村：

聚合力促发展　成就富美乡村

上蒙村下辖12个自然屯14个村民小组，共365户1670人，党支部下设3个党小组，有34名党员。土地总面积1.6万亩，其中经济林8800亩、生态林1113亩、耕地面积

680亩，主要以蔬菜、优质稻和清水鸭、茶油鸡、生态生猪等种养创收，其中以油茶、八角等为特色产业。先后获自治区四星级农村基层党组织、百色市"产业兴旺""乡风文明""治理有效""生态宜居""生活富裕"红旗村、百色市乡村治理示范村等荣誉称号。

拓增收渠道带富村民。第一书记和"两委"班子多次召开村"两委"会议和全体党员会议，遍访党员群众，问计于民，找准村里的发展方向。通过土地流转等方式租赁土地，建起了20亩蔬菜大棚，带动75户脱贫户发展大棚蔬菜种植，户均收入达5万余元。利用村子位于县城周边的区位优势，租赁40亩土地打造集果蔬采摘、花海观赏、垂钓游泳、民宿、农家乐为一体的休闲农业观光基地，解决了村内劳动力流失的问题。

育致富人才做强产业。上蒙村人均耕地不足半亩，村民维生主要靠劳务输出和传统种养业。为巩固好全村脱贫成效，村党支部把充盈农村产业之"实"作为关键抓手，把提高村民种养技术作为突破口。第一书记和村"两委"班子采取"请进来、走出去"的方式，邀请广西农科院农业专家到村里现场授课，推荐种养大户到广西师范学院参加致富带头人培训班，学习种养技术。

抓环境整治扮美乡村。推进"两高"沿线风貌改造提升是上蒙村推进乡村振兴的首要任务。第一书记、支书带头领学，党员集中讨论，先把乡村风貌改造政策学深悟透，统一思想，保证政策落实不跑偏、接地气。在此基础上，结合党史学习教育活动，强化"头雁引领"，充分发挥党员先锋模范作用，着力开展"我为群众办实事"活动。村"两委"班子成员始终冲在前列，与后援单位的党员干部一起，带领那景屯23户居民率先开展"三清三拆"环境整治行动，动员群众规整屋边堆落的木材、清理废弃杂物，完成屯内乱搭乱建的拆卸、清理工作，拆除总面积达820平方米，"三清三拆"完成率达100%。

泗城镇那合村：

片片绿桑映山野　小小金蚕织"富锦"

那合村位于凌云县泗城镇西南部，距县城9公里，共有19个村民小组26个自然屯，常住人口557户2525人。那合村设1个党支部，有28名党员。全村现有耕地1861.37亩，其中旱地1061.37亩、水田800亩，经济林12100亩，生态林3250亩，以种桑养蚕为主要产业。那合村坚持精准发力，挖掘特色资源，因地制宜发展桑蚕特色产业，推动产业提质增效，使全村焕发新的生机与活力。先后获2018年百色市"生态宜居"红旗村、2019年自治区综合减灾示范社区、2020年国家综合减灾示范社区以及2021年百色市"乡风文明"红旗村、乡村治理示范村等称号。

"内在造血"强动力，党员能人作示范。为了推动桑蚕产业发展，那合村重视"内在造血"，着眼于克服人才短缺瓶颈，积极培育种养能手，培养致富带头人，同时吸收致富带头人进党支部、进村"两委"，树立致富标杆。发挥好党员致富带头人的示范作用，引领带动群众摒弃"等、靠、要"思想，克服惰性思维，主动加入增收致富行动。那合村党员致富带头人主动带头种桑养蚕，年增收8万元，极大激发了群众参与种桑养蚕的积极性。

多措并举引智力，技术人才作支撑。那合村积极引智借力，为桑蚕产业发展提供人才、技术保障。一是定期组织党员致富带头人外出学习取经，回村后定期组织内部培训，不断提升群众种桑养蚕技术水平。二是通过与后援单位开展支部共建活动，为本村培养技术骨干，补齐人才、技术短板。三是邀请自治区党委老干部局、广西蚕业技术推广站、老科协等专家、技术指导员下乡开展技术培训，解决生产实际问题。通过多方努力，那合村已形成那寸、那亚、那瓜、那乐、那上、沙至等六个连片种植区域，建立起那亚、那瓜两个桑蚕产业示范点和一个产业示范园，种桑面积达3000亩，带动近300户农户发展桑蚕产业、近200户脱贫户增收，年产值近350万元。

　　立足资源挖潜力，绿水青山作依托。那合村紧紧围绕凌云县3个"211"产业发展思路，以油茶、八角等传统产业为基础，结合自身资源优势，推动桑蚕业快发展、大发展。与此同时，那合村坚持生态振兴和产业发展齐头并进，保护好本村的绿水青山，让越来越多村民既实现在家门口就业，也能享受到生态宜居的美好环境，高质量发展与乡村振兴的路子越走越宽。

泗城镇腰马村：

强班子强队伍　人才赋能乡村振兴

腰马村位于泗城镇西面，距离泗城镇政府所在地5公里，东邻西秀村，南界金保村，西连朝里乡羊囊村，北与那合村相邻。下辖14个村民小组，居住着瑶、汉2个民族，共323户1485人，33名党员。该村积极探索引导各类人才参与乡村振兴战略的实践新途径和工作新机制，实施人才赋能、人才聚势，为乡村振兴战略汇聚先锋力量。积极探索党建引领促产业发展模式，围绕县委、县政府"3个211"产业发展战略，打造"一水一叶一家禽"特色农业产业，乡村振兴迈出坚实步伐。获2021年度百色市"产业兴旺""乡风文明""生态宜居""生活富裕"红旗村称号。

　　年轻干部进班子，增强"两委"战斗力。推进党员干部年轻化、知识化、专业化，选举年轻大学生担任村党支部书记、妇女主席。聚焦组织振兴、人才振兴，选拔年轻大学生到村工作，涵养村级后备力量"一池活水"。村"两委"中"90后"占比71.4%，班子成员年轻、团结、有干劲。

党员队伍提素质，提升基层服务力。推行"党员＋积分"管理制度，利用"小积分"管好"大队伍"。通过积分量化党员行为，对党员履职尽责和日常表现采取加分、减分的方式进行动态管理。采取"一季一评"的方式，每季度公示积分情况，促进党员在积分中找差距、比奉献、强担当，形成比学赶超的浓厚氛围，促进党员队伍素质的整体提升，实现党员管理精细化、科学化。

党员干部强引领，激发致富内生力。发挥党员先锋模范作用，盘活资源，打造"一水一叶一家禽"特色农业产业。依托腰马村优质的山泉水资源，不断探索产业发展新模式，变资源为资本，大力发展山泉水产业，与广西泗水投资公司、凌云县村集体公司兴凌公司等合作发展山泉水产业，年产山泉水13.5万吨。村级集体经济年增收26万元以上，增加就业岗位30个。多方努力投资建设林下养鸡场，党员干部引导4户农户发展林下养殖产业，户均年收入10万元。指导发展桑蚕产业，新种植桑叶40亩。带头发展黑木耳、黑皮鸡枞食用菌产业，新增脱贫人口就业42人次，增加村级集体经济收入3万元。

泗城镇平林村：

头雁领航方向明　产业发展成色足

　　平林村位于凌云县泗城镇东北部，全村7个自然屯6个村民小组，共182户758人，18名党员，村民收入来源主要为种植茶叶、油茶、八角、杉木等经济作物和外出务工。平林村党支部团结带领党员群众，按照"党建引领、夯实基础、锐意创新、担当实干、合力攻坚"的思路，持续夯实乡村振兴基础，推动产业发展提质增效，为乡村振兴提供坚强保障。先后获自治区五星级农村基层党组织、百色市"产业兴旺""生态宜居"红旗村、百色市乡村治理示范村等称号。

　　加强干部队伍建设，充分发挥党员带头作用。一是因岗定责，明确任务分工。根据村"两委"成员的岗位和能力差异，制定完善村"两委"干部责任清单并经常性检查督促，确保人人有事做、事事有人管，群众大事小情能够得到及时回应和解决。二是加强学习，提高谋划能力。组织村"两委"班子、党员队伍和致富能人赴区内外先进地区开展学习考察，开拓发展思维，组织开展信息化办公轮训，提高信息化办公水平，增强为民办事服务能力。三是规范程序，提高决策水平。严格落实重大事项"四议两公开"制度，遇事与群众商量，公开党务、村务和财务，提高了党员群众的参与度、认可度和支持度。

　　完善基础设施，为产业发展奠定坚实基础。村支部整合资金80万元建设达以屯地质灾害隐患点安全防护墙2000立方米、防护排水沟300米，圆满解决了达以屯群众多年期盼解决的问题。整合资金45万元建设4个自然屯过水河堤10座，协调争取建设村际联网路1条13公里、生产道路7条32.3公里，有效降低了生产运输成本。整合资金18万元实施4个自然屯人饮水管改造，有效解决村民饮水管网老化和堵塞的难题，为产业发展奠定坚实基础。

　　推进产业融合发展，持续壮大村级集体经济。建成平林村油茶加工厂、现代化茶叶加工厂，使村民群众农产品加工和销售问题迎刃而解。推进建设生态垂钓鱼塘，探索发展集养鱼、垂钓服务和农家乐为一体的休闲农业。采用"支部＋公司"模式发展产业，村党支部与金泉谷生态股份公司合作生产、销售茶叶，将公司分红作为村级集体经济收入，合作以来累计获得分红30万元。

下甲镇加西村：

先锋引领　桑蚕带富

　　加西村距下甲镇政府所在地2.5公里，全村有7个自然屯12个村民小组，共284户1280人，有党员42名。近年来，加西村强化党建引领，依托产业扶贫项目，探索实行"党支部＋能人＋合作社＋农户"的发展模式，多方发力，发展桑蚕、红薯粉加工、八角、油茶、肉猪、乌鸡等产业，其中桑蚕产业覆盖面广、效益好。先后获全国文明村镇、全国乡村治理示范村、全国先进基层群众性自治组织、自治

区五星级农村基层党组织、自治区"美丽广西"乡村建设示范村、自治区文明村镇、广西巾帼科技示范基地、自治区卫生村、百色市2019年度脱贫攻坚先进集体、百色市"产业兴旺""乡风文明""治理有效""生态宜居""生活富裕"红旗村、百色市乡村治理示范村等称号。

党员带头推进基础建设。党员当好宣传员,更当好带头人,带领群众配合完成茶叶基地、体验馆、加工厂和标准化大蚕房、民宿等大大小小的项目征地、租地500多亩,顺利完成23户房屋的风貌改造提升工程,建成标准化大蚕房61间。近年来多渠道争取投资3000余万元用于基础设施建设,积极发动村民对全村的环境卫生进行整治,倡导树立文明健康的新风尚,一个生态宜居的美丽乡村逐渐呈现在人们面前。

　　党员带头发展致富产业。加西村坚持"一张叶子带富一方百姓"，大力推动桑蚕产业发展。该村从2011年开始发展种桑养蚕，最初由12名党员和能人率先示范种植72亩桑园，通过以点带面、示范引领，全村187户加入种桑养蚕大军，桑园面积发展到2800多亩。同时，成立桑蚕专业合作社，打造经济利益共同体，实现了连片开发、分户管理、全程服务、利益共享，桑蚕产业年收入达500多万元，壮大了村级集体经济，群众生活水平大幅提升。

　　党员带头提升治理活力。对党员采取积分管理，每季度分别对村在职党员、普通党员、流动党员和老党员等4类党员进行积分管理，全面提升党员干部整体素质。不断加强基层党的建设，提升乡村治理"内生力"。村"两委"平均年龄36岁，均为中专以上文化程度，干事创业的活力十足。连续三年被评定为自治区五星级农村基层党组织。

下甲镇平怀村：

党员创客开富路　德治赋能文明村

　　平怀村位于下甲镇东南部，距镇政府15公里。全村总面积13.3平方公里，辖14个村民小组，居住着壮、汉、瑶3个民族共414户1668人。平怀村设党总支部，下设党支部3个，有党员63名。全村耕地面积4934亩，以种桑养蚕为主要产业，是凌云县"泗水缤纷"田园综合体产业核心示范村。平怀村先后获全国文明村镇、全国示范性老年友好型社区、全国"一村一品"示范村镇、中国蚕桑之乡、中国美丽休闲乡村、自治区民族团结进步示范村、自治区乡村振兴改革集成优秀试点村、自治区五星级乡村旅游区、自治区文明村镇、广西乡村旅游重点村、广西县级现代特色农业示范区、广西现代特色农业核心示范区、广西民族特色村寨、广西蚕桑种植业示范基地、百色市民族团结示范村、百色市文秀式青年创业示范基地、百色市先进基层党组织、百色市"产业兴旺""乡风文明""治理有效""生态宜居""生活富裕"红旗村、百色市乡村治理示范村、百色市职工疗休养基地等称号。

　　党员争先，引领发展。平怀村坚持党建引领，对村内致富带头人实现双向培养，村干部主动领办项目，为民办实事，村"两委"班子不断充实壮大，村党总支部凝聚力、战斗力不断增强，为乡村振兴注

入了强大党建力量。设置党员先锋承诺墙，增强党员身份意识，强化使命担当。着力建设乡村振兴培训基地、干部职工疗养基地、青少年科普教育基地，打造淬炼党员干部和培养"三将"干部的重要平台。将"三会一课"与产业融合起来，以自治区五星级基层农村党组织的创建引领全村产业发展。

党员带富，助农增收。平怀村坚持放大"用好一人，带富一片"的先锋模范作用，推行党员创客模式，在经济能人、种养大户等具备创业能力、踏实肯干的年轻人中发展党员、培养创客，引导能人党员带动全村加快增收。50岁以下的党员干部均有各自联系的产业，负责带动五六户农户发展产业，实行团队式管理。现有21名党员创客，其中包括全国劳模、最美中国符号人物郁再俭等。在党员创客的带动下，建设了下甲古丝绸桑蚕产业核心示范区，全村参与养蚕315户，种植桑园8600亩。全村年养蚕达12000余张，产蚕茧10000多担*，产值超过2000万元，仅此一项全村农民人均收入达1.23万

---

* 担为非法定计量单位，1担＝50千克。——编者注

元。同时，打造以桑蚕文化生态休闲为元素的国家AAA级旅游景区，用足用好村内屯书馆、屯宿馆、自然教室、绿乐园等"七馆一室一乐园"，发展乡村特色旅游产业，拓宽村级集体经济增收渠道，村级集体经济2023年收入预计达20万元以上。

党员践诺，强化治理。坚持"建强一支队伍、完善一套制度、培树一批示范"的"三个一"治理模式，推动景村共美。成立了一支红黄蓝三色乡村振兴服务队，驻村工作队员穿红马甲，职业化管理村干部穿黄马甲，公益性岗位人员穿蓝马甲，通过亮身份、亮职责、亮承诺，统一服务管理村庄事务。探索建立平怀村网格化管理制度，设置一批"文秀先锋岗"，按功能区认领责任，将全村划分为6个片区13个网格，安排党员户为网格长，点对点、面对面为群众提供服务，处理事情做到"去有目的，来有问题，后有反馈"。健全完善"一约四会"，在乡村治理中发挥重要作用。积极开展"五美"（最美家庭、最美老人、最美婆媳、最美儿女、最美庭院）评选，大力弘扬"孝善和诚俭美"的传统美德。设置乡村善治笑脸墙，激励村民共建富裕美丽新平怀。

伶站瑶族乡浩坤村：

"一岗三亮"争先锋　水墨浩坤换新天

　　伶站瑶族乡浩坤村辖8个屯10个村民小组，世居壮、瑶两个民族，共467户2031人，有党员36名。浩坤村党支部紧紧抓住浩坤湖国家湿地公园旅游产业开发契机，建立"党建＋旅游"发展模式，开创了班子路子变、村容村貌变、收入收益变、素质素养变、名声名气变、民风民俗变的"六变"新局，谱写了华丽的乡村振兴篇章。先后获全国乡村旅游重点村、全国少数民族特色村寨、自治区五星级农村基层党组织、自治区民族团结进步示范村、自治区脱贫攻坚先进集体、自治区先进基层党组织、自治区卫生村、广西民族特色村寨、百色市"产业兴旺""乡风文明""治理有效""生态宜居""生活富裕"红旗村、百色市乡村治理示范村、百色市集成改革试点村等称号。

坚持先锋引领，引领党员群众"战天斗地"。通过职业化管理，选优配强村"两委"班子，把返乡大学生、退伍军人、致富能人等纳入后备人才库培育，拓宽选人用人视野。紧扣旅游扶贫设置旅游产业岗、游客服务岗、村屯治理岗、环境卫生岗等四类"文秀先锋岗"，党员亮身份、亮承诺、亮活动，在景区开发、基础设施建设、旅游环境提升中，每一名党员先锋模范作用都得到充分发挥。

　　坚持村景融合，推动深山蜕变"翻天覆地"。村党支部建立与景区建设单位定期会商协调工作机制，推动村庄与景区共建设、同发展。组建党员作战队，参与推进基础设施和服务设施建设，打通450米"黄金隧道"，建设6000米景区二级公路和7000多米沿湖栈道。发挥党员示范作用，带头开展"三清三拆"、农房管控、庭院美化等工作，大幅提升村容村貌和人居环境，实现村庄变景区的翻天覆地变化。

　　坚持绿色发展，坚决共同守护"蓝天绿地"。强化村党支部对经联社的领导，科学制定绿色农业产业发展计划，通过联合社指导、项目扶持、示范户引领等方式，发展桑叶300亩、毛葡萄45亩、油茶300亩。组建党员志愿服务队，开展常态化巡查，严格落实禁砍禁伐禁渔禁牧制度，用实际行动践行"绿水青山就是金山银山"的发展理念。

　　坚持强村富民，实现脱贫致富"欢天喜地"。持续实施党支部引领经联社发展经营能力提升计划，拓展出景区分红、集体资产出租、产业发展等多种经营方式，推动村级集体经济收入从2017年的1.4万元增长到2020年的20.36万元。实施党员和致富带头人"双培双带"行动，发挥支部和党员致富带头人的帮带作用，通过资源租赁、发展特色产业、在景区中就业、景区收入分红、旅游企业带动、资产入股等"六个一批"增收模式，群众年均收入从4900元增长到8500多元，真正让群众在家门口欢天喜地实现致富梦。

伶站瑶族乡陶化村：

聚焦"三点"齐发力　党建先锋助振兴

伶站瑶族乡陶化村为纯瑶族聚居村，世代居住在大石山区，山荒水恶，土地贫瘠，是凌云县三个原极度贫困村之一。全村共有14个屯，户籍人口378户1907人。村"两委"干部共8人，其中"80后""90后"有6人，中专学历以上2人，致富能人2人。近年来，陶化村积极贯彻落实打赢脱贫攻坚战和巩固拓展脱贫攻坚成果同乡村振兴战略有效衔接的相关要求，以党建为引领，聚焦重点、堵点、优点，抓治理、促发展，使昔日人心涣散的穷山村破茧成蝶，成为乡村振兴的新农村。先后获自治区三星级农村基层党组织、自治区卫生村、广西民族村寨、百色市脱贫攻坚先进集体、百色市"产业兴旺""乡风文明""生态宜居""生活富裕"红旗村等称号。

　　聚焦党总支建设的重点，筑牢乡村振兴"桥头堡"。村民富不富，关键看支部。陶化村坚持以党总支建设为重点，聚焦提升党总支组织力、凝聚力、战斗力这个难点，把选优配强村"两委"作为提升党总支组织力的关键，真正把政治优势、组织优势、群众优势转化为推动基层党建工作的"动力源"。村"两委"班子中"80后""90后"占75%，中专文化以上占25%，致富能人2人，乡村振兴战斗堡垒逐步建强。

　　聚焦急难愁盼的堵点，配强乡村振兴"领头羊"。村子强不强，主要看"头羊"。陶化村配强党组织带头人，由百色市优秀村"两委"干部韦光辉同志担任村党总支书记，自治区财政厅业务骨干廖应砚任驻村第一书记。他们走家串户，排查矛盾纠纷，了解村情民意，解决群众急难愁盼的问题。争取到帮扶资金290万元，建设2处集中供水水柜，解决了弄新、弄洞、岩流等石漠化屯季节性缺水问题。

聚焦典型带动的优点，打造乡村振兴"先锋队"。村"两委"坚持抓住党员冲在前、群众跟着干这个关键，在村里开展"优秀共产党员""五好家庭""道德模范家庭"等评选活动，选树一批优秀典型，打造一支抓党建、促振兴的优秀队伍，让群众学有标杆、干有方向。采取"县级国有公司＋村级合作社＋党员＋脱贫户"的方式，党员能人带领脱贫群众养殖乌鸡2万羽、黄粉虫肉鸽6000羽，为群众开辟了新的致富道路。2022年底，村级集体经济收入达8.2万元。

伶站瑶族乡初化村：

引领发展助民富　用心服务暖民心

　　初化村位于凌云县伶站瑶族乡东部，距离县城34公里，距离乡所在地14公里。地理环境主要为半石山、半土山，平地少，耕地稀少，全村总面积24480亩，其中耕地面积1822亩，林地、石山22650亩。农业产业以种植玉米和红薯为主，全村生产生活用水主要依靠天降雨水，部分屯土山间有自然山泉水，水资源匮乏。全村聚居有壮、汉、瑶3个主体民族，下辖12个自然屯16个村民小组，共454户2037人。获2021年度百色市"生态宜居""生活富裕"红旗村称号。

　　党员引领助民富。初化村探索"党支部＋经济联合社"模式，党支部带领组建了广西凌云初源油茶种植专业合作社，大力发展集体经济，通过回收集体荒山245亩进行新品种油茶种植，无偿向村民提供苗木和化肥等生产资料，带动脱贫户82户，带动率达31%。实施党员促产业振兴示范工程，培育了一批种桑养蚕大户，引领群众发展油茶、桑蚕、八角、土猪"3+1"特色产业，265户脱贫户全覆盖。组织村民实地考察，参加现场学习，培训村民300多人，培育致富带头人5人，带动群众种植桑叶300余亩，建设20间蚕房1200平方米，弄爱屯获评种桑养蚕县级示范点。

　　带领群众优环境。围绕农村人居环境整治、乡村风貌提升和"美丽凌云·幸福乡村"建设等活动，村"两委"班子成员带领群众参与推进"三清

三拆"整治工作，着力清理村庄垃圾、乱堆乱放、池塘沟渠，拆除乱搭乱盖、广告招牌和废弃猪舍、牛栏、杂物房、建筑等。同时，对清理出的场地合理改造，实现村庄内垃圾不乱堆乱放，污水不乱泼乱倒，粪污无明显暴露，杂物堆放整齐，房前屋后井然有序，村庄环境干净、整洁、卫生，村容村貌明显提升。

用情服务暖民心。村"两委"班子成员深入开展"我为群众办实事"活动，搭建村民戏台，发展村级文化，针对70岁以上老人"送一场会演""送一次义诊""送一件衣服"，弘扬和传承尊老传统美德。同时，在村里开展文明屯、最美家庭等评比活动，让群众在比学赶超中争做讲文明、树新风的新时代农民。

逻楼镇歌顶村：

吹响先锋号角　谱写共治华章

　　歌顶村位于逻楼镇西北部，与凤山县中亭乡积善村接壤，凌凤二级公路贯穿村辖区，交通便利。全村辖12个村民小组16个自然屯，共446户1912人，有党员36名，村"两委"班子结构合理。该村听民声解民忧，积极投入基础设施建设和乡村综合治理，逐步走上产业旺、群众富、乡村治理有效的现代化乡村发展道路，先后获自治区三星级农村基层党组织、百色市"产业兴旺"红旗村、百色市乡村治理示范村等荣誉称号。

配强"两委"干部队伍，夯实乡村治理基石。加强基层党组织建设，在村"两委"换届选举工作中，推动村党支部班子成员兼任村务监督委员会主任，村委会、村民代表、村民小组长中党员比例达到37.5%。党员凝心聚力，在各级各类争先创优活动中创出品牌。充分发挥村党支部政治功能，确保支部始终总揽全局、协调各方，在乡村治理工作中处于引领地位。

强化党员引领示范，共享乡村治理红利。充分利用土地资源，发挥党员示范带头作用种植牛心李，全村现有牛心李核心园区500亩，推广种植2500亩，带动群众增收致富。依托村优势资源及交通区位优势，引进石材加工企业，2022年为村级集体经济增收2万元。

落实党群工作机制，谱写乡村治理新篇。全面落实"四议两公开"工作机制和村民会议、村民代表会议、"两委"联席会议等工作制度，完善村级党务、村务、财务"三公开"制度，组建成立村民议事会、村民理事会、村民监事会等议事组织机构，制定村规民约，建立"村民微信群"，构建乡村便民服务体系，全面提高村民自治水平。重点做好深入开展农村普法宣传教育、深入开展"家庭拒绝邪教"、深入开展"崇尚科学、反对邪教"活动等"三个深入开展"工作，推进乡村综治中心建设，开展扫黑除恶专项斗争，健全乡村矛盾纠纷调处化解机制。深入推进新时代文明实践中心建设，开展各类评先评优选树活动及表彰活动，传承发展农村优秀传统文化，开展农村陈规陋习大整治。完善村级公共服务中心建设，深化"互联网＋村务服务"，推广村级基础台账电子化，促进村务公开、财务公开。

加尤镇案相村：

支部搭台党员争锋　乡村颜值华丽蝶变

案相村有12个村民小组346户1430人，总面积16.3平方公里，以茶叶、油茶、种桑养蚕和林下养鸡为主导产业。设党支部1个，下设党小组3个，有党员30名。案相村强化党建引领，重点实施"三大党建＋"工程，全面提高基层组织的创造力、凝聚力和战斗力，先后获自治区四星级农村基层党组织、自治区卫生村、百色市民族团结进步示范村、百色市"产业兴旺""治理有效""生态宜居""生活富裕"红旗村、百色市先进基层党组织、百色市示范性农村集体经济组织、凌云县文明村、凌云县五四红旗团支部（团总支）、凌云县先进基层党组织等称号。

推动项目落地，基础设施全面改善。案相村党支部把项目建设成效作为衡量党建工作成效的重要体现，注重把党员放在具体项目工作中锤炼本领、强化担当，建立了支委带头联系项目、各片区党员积极参与项目建设的常态化机制，有效化解项目建设过程中的矛盾纠纷，推动项目加快落地，实现党建工作与项目工作双丰收。2020—2022年，案相村累计申请到上级项目资金2000多万元，实施了村屯道路硬化、产业路建设、集中供水、污水处理、公共服务设施建设等项目20多个，其中村屯道路硬化22公里、产业路建设11公里、集中饮水工程7个、污水处理厂4个，大大提升全村基础设施配套水平。

抓实产业发展，群众持续增收致富。案相村坚持把抓实产业发展融入党建工作，充分发挥党建引领、支部带动、党员示范的作用，推动传统优势产业提质增效，积极发展新优势产

业，助推群众增收致富。利用撂荒地积极推进种桑养蚕发展，
在党员带动下全村涌现一批养蚕能手，创下一版小蚕产出140
多斤蚕茧的全县记录，建成标准化蚕房1000余平方米。同时，
改造茶叶2000多亩，油茶林低改1200余亩，建成年出栏10万
羽和1.8万羽的养鸡示范场各1个。

拓宽增收渠道，集体经济由弱变强。案相村党支部把发展
壮大村级集体经济作为党建工作的"头号工程"常抓不懈，推
动党员抢抓机遇、创新思路、带头谋发展。因地制宜、盘活资
源，形成蚕房出租、土地入股大型养殖基地、联营茶叶加工厂、
建设油茶集散中心、自营养鸡场、入股平台公司、购买商铺、
鱼塘出租等八大主要集体经济收入渠道，村级集体经济收入持
续增长、结构持续优化，实现从村级集体经济发展落后村到典
型示范强村的巨大转变。2020年村级集体经济收入突破20万元。

加尤镇百陇村：

产业旺起来　文化活起来　乡村美起来

百陇村地处加尤镇东北面，距镇政府所在地约6公里，距县政府所在地33公里。辖22个村民小组（屯）806户3062人。全村设1个党总支部，下设党支部3个，党小组2个，有党员42名。

耕地面积3212亩，人均耕地面积1.05亩，经济林14200亩。近年来，百陇村不断加强自身建设，充分发挥党组织领导核心和党员先锋模范作用，大力发展特色产业，不断巩固拓展脱贫攻坚成果，构建农村新型文化软实力，推动乡村振兴健康稳步发展，先后获自治区卫生村、凌云县文明村等称号。

强化党员思想建设，提升组织战斗力。 坚持以党的群众路线、党史学习教育作为契机，严格落实"三会一课"制度和主题党日活动，通过学习党章、重温入党誓词、学习总书记讲话等方式，强化党员理想信念，极大提高党支部的战斗力。开展党员设岗定责活动，全体党员认领岗位、亮出承诺，党员身份意识和责任意识明显增强，先锋模范作用得到有效发挥。

发挥党员带动作用，提升发展硬实力。 在村级公共服务中心设置了农业产业室、惠农政策接待室、纠纷处理调解室等，并落实了村"两委"干部轮流坐班制度，着力解决群众咨询难、办事难、发展难的问题。鼓励广

大党员先行先试，大力培育党员致富能人，带领群众种养增收。鼓励支持懂种植技术、有市场经验的党员参与各类专业合作社。该村通过成立茶叶、灵芝、淮山等专业合作社，发展了食用菌（灵芝）、林下养鸡、河道（水塘）养鱼以及淮山、三叶青、山油茶、茶叶种植和种草养牛等产业，群众收入得到了大幅提升。

丰富党群文化活动，提升文化软实力。 紧紧围绕广播响起来、舞台跳起来、书屋用起来、宣讲员讲起来、百家宴聚起来、篮球场动起来、网络连起来、宣传栏公示起来等"八个起来"要求，充分利用广播、文体活动、农家书屋、宣传栏、百家宴等平台，扎实开展形式多样的活动10余次，向群众宣传正能量。组织开展各类宣传讲习5次，宣传党的各类惠民政策，不断提高群众政策知晓率。组建百陇村文艺队，开展"庆重阳"敬老节、"五最"农民评比、文艺汇演、篮球友谊赛等活动6次，丰富了群众的文艺生活。开设农家书屋，新增书籍400余册，为村民学习知识和提升技能水平提供场所，丰富了群众的文化生活。

党员蹚路先行　绘就合祥振兴新画卷

　　合祥村辖11个自然屯16个村民小组，共有419户1780人。合祥村党支部下设党小组3个，有党员40名。全村耕地总面积2832亩（其中水田面积1883.92亩），有经济林13764亩，主要种植茶叶、油茶、八角等，生态公益林5599亩。合祥村以支部标准化规范化建设为契机，强化党建引领，先后获自治区五星级农村基层党组织、百色市"治理有效""生态宜居"红旗村、凌云县先进基层党组织等荣誉称号。

党员带头组织，狠下功夫抓"三清三拆"。乡村风貌是乡村振兴最直观的体现，也是乡村振兴最重要的抓手。合祥村党支部坚持抓党建、强引领，积极探索完善支部带头、村委落实、村民参与的机制，紧紧围绕"乡村要怎么建"的问题，分组、划分片区走访入户，对各屯地域布局、基础设施建设、农村人居环境等方面提出村级规划，加快推进各屯民族特色文化、自然风光与乡村建设相融合。党员带头组织群众开展"三清三拆"，对陈余垃圾、乱搭乱建、危旧房屋等进行整治，累计开展整治行动5次，清理垃圾约3.1吨，让合祥村环境更优、村庄更美。

党员带动群众，俯下身子抓产业发展。产业兴旺是实现农民增收、农业发展、农村繁荣的基础。合祥村盯住产业振兴这

个关键，探索成立合祥—伟达村级功能型联合党委，与伟达村抱团发展布柳河生态养鱼集体经济项目，两村党员共同管理、共同经营项目，党员群众相互监督，为集体经济项目实施提供了坚强保障。巩固和提升茶叶、八角、油茶、砂糖橘等传统产业，大力发展葡萄产业，在延伸产业链上做文章，引进葡萄加工厂，优先聘用脱贫户和低保户管理葡萄园，有效解决了就近就业问题，让群众在家门口就能进厂当工人。

党员带好民风，撸起袖子抓乡风治理。全面实施"乡村振兴"战略，不仅看农民口袋里票子有多少，更要看农民精神风貌怎么样。合祥村党支部以农民群众为主体，建立健全村民自治机制，修订完善"一约四会"制度并上墙。党员自觉争当乡村文化的倡导者，以良好的党风，带出好家风、好村风。

玉洪瑶族乡莲灯村：

先锋引领兴产业　文明新风润人心

　　莲灯村位于玉洪瑶族乡东北部，距县城60公里，全村辖14个自然屯19个村民小组，居住汉、瑶2个民族共500户2202人。设党支部1个，下设党小组2个，有党员24名。全村耕地面积1187亩，经济林20150亩（其中八角7510亩、杉木4530亩、油茶1870亩、茶叶6240亩）。

"小积分"激发党员"大干劲"。深化党员积分管理，每季度对村在职党员、普通党员、流动党员和老党员等4类党员进行量化评分，强化党员管理。严格执行"三会一课"制度，积极开展主题党日活动，增强党组织凝聚力、战斗力、向心力。

"四包四联"推动党员下沉服务。建立县领导包乡联村、乡领导包片联村、村干部包屯联户、党员包组联户等"四包四联"工作制度，每位村干部包干负责一个以上自然屯，每名党员包干负责所在小组，帮助群众解决生产生活中遇到的困难和问题。县乡村三级党员针对群众反映的八角病虫害、油茶树老化造成的产量低的问题，率先在村干部的土地上试行低产改造，带动400余

户加入，年收入达300多万元。

　　"一约四会"强化乡村善治保障。完善"一约四会"制度，结合文明村创建，成立篮球队、文艺队，开展道德模范、身边好人、好儿女、好婆媳、好夫妻、好邻居评选活动，2022年评选出10名道德模范。加强乡村新时代文明实践站、农家书屋等场所建设，逢年过节结合本地的风土人情，开展戏曲进乡村和外嫁媳妇回娘家等特色活动5场次。

能人带动篇

NENGREN DAIDONG PIAN

编者按：习近平总书记指出：推动乡村全面振兴，关键靠人。要建设一支政治过硬、本领过硬、作风过硬的乡村振兴干部队伍，吸引包括致富带头人、返乡创业大学生、退役军人等在内的各类人才在乡村振兴中建功立业①。要推动乡村人才振兴，把人力资本开发放在首要位置，强化乡村振兴人才支撑，加快培育新型农业经营主体，让愿意留在乡村、建设家乡的人留得安心，让愿意上山下乡、回报乡村的人更有信心，激励各类人才在农村广阔天地大施所能、大展才华、大显身手，打造一支强大的乡村振兴人才队伍，在乡村形成人才、土地、资金、产业汇聚的良性循环②。

凌云县树立"人才就在身边"的理念，紧扣乡村振兴战略目标，靶向施策，精准发力，念好"人才经"，让乡村能人人尽其才、才尽其用、用当其时，推动打造一支强大的乡村振兴人才队伍，为乡村振兴注入了坚实力量和强劲动能。做好"识"的文章，以求贤若渴的姿态，持续发掘素质高、能力强、技术好的"土专家""田秀才"，纳入"乡土人才库"跟踪培养和使用，盘活本地乡土人才存量。做好"育"的文章，突出乡村振兴产业发展导向，通过举办培训班、外出考察学习等方式，大力培养"新农人"，促进更多能够带动特色产业发展的乡土人才脱颖而出，扩容本地乡土人才库。做好"用"的文章，把符合入党条件的乡土人才及时吸纳到党组织内，把年纪轻、素质好、懂经济的党员乡土人才，列为村后备干部人选，让乡土人才回得来、干得好、使上劲。不断完善创业政策支持，优化乡土人才创业环境，搭建产业发展平台，让乡村振兴成为乡土人才施展才华的广阔舞台。通过大力营造爱才、敬才、用才的浓厚氛围，以一个能人带动一方发展，以关键少数辐射带动重要多数，推动人才队伍建设与乡村振兴同频共振、同向发力、互相促进，实现人才兴、乡村兴的双赢局面。

---

① 在海南考察时的讲话（2022年4月10日至13日）。选自《论"三农"工作》，中央文献出版社2022年6月第1版，第220页。

② 参加十三届全国人大一次会议山东代表团审议时的讲话（2018年3月8日）。选自《论"三农"工作》，中央文献出版社2022年6月第1版，第269页。

泗城镇西秀村：

能人先富带富　乡村善治夺旗

　　泗城镇西秀村毗邻凌云县城，与镇洪村、腰马村、旦村接壤，是一个壮族、汉族聚居的行政村。村所辖面积19.5平方公里，大部分为土山，耕地面积2191亩（水田1423.5亩，旱地767.55亩），人均耕地1.246亩，八角1300亩，油茶1000亩。下辖17个自然屯20个村民小组，共413户1759人。设党支部1个，有党员37名。近年来，西秀村夯实共治根基，明确发展定位，依托头雁领治领飞，健全完善社会治理新机制，形成产业兴旺、治理有效、乡风文明的崭新发展格局。获2018年度百色市"乡风文明"红旗村称号。

　　能人培优，壮大振兴力量。村党支部坚持党建引领，凝聚乡村振兴合力。建立村干部包屯联户、党员包组联户等"四包四联"工作制度，设置"文秀先锋岗"，党员干部按功能区认领责任，做好群众服务工作。将思想素质好的致富带头人、乡土人才吸收入党，不断壮大党员队伍。大力挖掘本土人才资源，动员能人回乡创业，不断壮大乡村振兴"生力军"。

　　能人带富，拓宽增收路子。坚持以发展产业集聚人才，紧盯"人才链＋产业链"双链融合。注重用好具有经济头脑、敢担当善作为的能人，示范带动全村加快增收。致富能人带动30户农户参与养鸡，年出栏10万羽，产值超过100万元。发挥靠近县城的区位优势，发展房屋租赁产业，拓宽村级集体经济增收渠道，实现村级集体经济年收入10万元以上。

　　能人说事，提升治理质效。村党支部坚持因地制宜、示范
先行，推贤选能健全完善"一约四会"，规范村务监督委员会
工作职责。探索建立网格化管理制度，按照"网中有格、按格
定岗、人在格中、事在网中"模式，由各组组长担任网格长，
实行村干部包屯联户、党员包组联户，聚民策、汇民力，不断
提高乡村治理水平。坚持"建强一支队伍、完善一套制度、培
树一批示范"等"三个一"治理模式，推动景村共治共美，在
乡村振兴"红旗村"评选活动中奋勇夺旗争先。

泗城镇品村村：

激发党群合力　激活乡村振兴新动能

　　品村村位于泗城镇东面，距离镇政府所在地13公里。全村辖23个村民小组51个自然屯，共467户2088人，面积约20平方公里，耕地面积1217亩，人均耕地面积0.6亩，群众主要收入来源为外出务工、发展特色产业等。品村村设党支部1个，下设党小组3个，有党员31名。2021年获自治区三星级农村基层党组织称号。

做好"育"的文章。结合县级3个"211"产业发展思路，将乡村发展能人培育工作列为基层组织建设内容，充分发挥基层党组织联系服务群众的作用，进村入户宣传产业发展政策，讲解市场前景、种植养殖技术，积极组织本村专业大户、家庭农场主以及有一定市场和技术能力的农户参加县级、镇级举办的各类种养政策与技能培训班，增强村民发展产业的能力，培育一批本土能人。

扶持"干"的项目。成立牛栏杆生猪养殖农民专业合作社，在村党支部副书记、副主任罗启示带领下，9户脱贫户累计投入资金100余万元，建成2000平方米的标准化生猪养殖场，年出栏肥猪600余头，年产值达200余万元，村级集体经济每年增收1万余元。

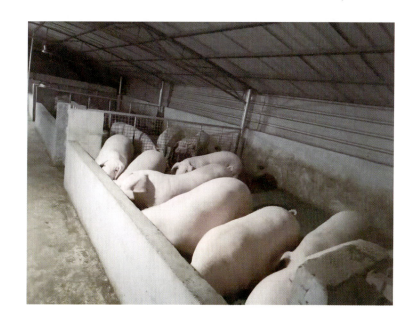

突出"带"的作用。充分发挥"土专家"、致富能人的示范带头作用，引导村民积极参与产业发展。致富带头人依托农民专业合作社，大力发展种桑养蚕，打造大寨桑蚕产业示范点，带动周边18户脱贫户在家门口就业，人均年增收1万余元。

下甲镇峰洋村：

巧借能人"三板斧" 聚力凿开致富路

峰洋村位于下甲镇西南部，距镇政府所在地5公里，距县政府13.8公里。全村辖16个自然屯19个自然村小组，共540户2312人。设党支部1个，党小组2个，有党员39名。该村探索"能人带富促产业发展"模式，桑园面积从50亩发展到3200多亩。

共谋共商，推动产业兴旺。充分发挥党支部战斗堡垒作用，创新"三会一课"活动模式，把党小组会议开成现场会，聚焦产业发展提思想、找对策、解难题。把党课开到田间地头，党员与村中能人在课堂上交流产业发展经验，帮助峰洋村找到破解蚕桑产业发展瓶颈的办法，有效推动桑蚕产业做优做强。广开研讨会，支委班子成员和村中能人齐聚一堂，各抒己见，共商村级发展。常开交流会，让各产业链上的党员和致富能人、村民把好的做法和经验说出来。

示范带动，激活头雁经济。按照"一村一品"的产业发展格局，采取"能人＋"模式，鼓励和引导"土专家"发挥自身特长，积极参与本地特色产业生产、经营活动，共计带动132户农户种植桑园3200亩，年产值达400多万元，村民收入大幅提升。

搭桥架梁，重塑文明乡风。坚持以能人带动倡导新风尚，健全"村—网格—网格长—村民"四级治理共同体，通过各级能人，架起党群关系"连心桥"，充分激发峰洋村自治活力，更好培育文明乡风、良好家风、淳朴民风。

逻楼镇洞新村:

"一领一带"织就乡村振兴新"丝"路

    洞新村位于逻楼镇西南部,距镇政府所在地22公里,全村辖66个自然屯25个村民小组,居住有汉、瑶、壮3个民族,共801户2670人。设党支部1个,下设党小组3个,有党员47名。全村可利用耕地面积2820亩、生态公益林22008亩,特色产业为桑蚕、油茶、

鸡、猪，农民收入来源主要为种植养殖和劳务输出。2022年村级集经济收入10.95万元。获2020—2022年自治区卫生村荣誉称号。

发挥致富带头人作用，拓宽产业发展路子。洞新村创新产业发展模式，以"引回人才＋能人带动"模式助力村民发展农业产业。2022年，引回6名农业技术人才回村带头发展桑蚕、油茶等产业，动员致富带头人带动80余户脱贫户种桑养蚕，新种桑园300亩，年养蚕300余张。

配强村"两委"班子队伍，强化产业发展保障。为实现人才引得回、能人带得动，洞新村以2021年村"两委"换届为契机，把好村"两委"干部人选"政治关""能力关"，选优配强村"两委"班子，完善后备干部队伍帮带措施，强化服务乡村产业发展能力。此外，县委组织部还为洞新村选派了4名

服务产业发展能力强的驻村工作人员，其中1名到村任职选调生、1名乡村振兴协理员、2名包村工作队队员，协助开展村务工作，有效充实乡村振兴队伍力量。

推进农村基础设施建设，增强产业发展支撑。不断完善基础设施建设，以"听民声 话振兴""干部回乡·扮靓家园"等活动为契机，了解群众的需求，积极争取一批生产生活基础设施项目落地，建成一批群众看得见、得实惠的民生工程。截至2022年底，建成产业道路21.2公里，集中供水13处，照明路灯680盏，全村25个村民小组全部实现通路通车，入户道路覆盖率90%。

加尤镇陇槐村：

特色产业兴 致富路子宽

　　陇槐村位于加尤镇东北部，距镇政府12公里，距县城39公里，全村辖26个村民小组75个自然屯，共811户3556人，设党支部1个，下设党小组4个，有党员48名。全村以桑蚕、茶叶、油茶及养殖业为主导产业，有茶叶3500余亩、油茶870余亩、桑叶2000余亩，村级集体经济主要收入来源于养猪场、大蚕房和小蚕共育室、茶叶加工厂等特色产业合作经营。2022年，陇槐村村级集体经济收入超过20万元。先后获自治区四星级农村基层党组织、百色市"治理有效"红旗村和县（镇）优秀党组织、五星级党支部、脱贫攻坚先进集体等称号。

  选树典型强信心。立模范树先锋，发挥党员模范带头作用，辐射带动乡土人才成长成才，培养致富能人5人，以点带面增强农户致富信心。党员与致富能人带头抓好特色产业发展，推动连片规模发展，拓宽产业渠道，打开市场销路，助力农户长效增收。

  引资补链强产业。发挥能人作用，依托茶产业等优势产业，引入专项帮扶资金建设绿之源高品质茶叶加工厂，以"联合社＋企业"经营模式，与优质茶企合作生产经营，开发出陇槐红螺、绿螺等多个乡村振兴产品，进一步提升产业品质、品牌影响力和产品市场竞争力，茶产业链得到有效延长。2022年，茶产业单项收入为集体经济增收贡献超过15万元，助力茶农增收6万～7万元，直接带动群众150余户，实现产业长效发展。

盘活资源强动能。采取出租大蚕房、推进小蚕共育、打造产业园等措施，用好致富带头人带头种桑养蚕，打造连片桑叶种植生产基地，共有大蚕房102间、小蚕共育室2座、蚕沙无害化处理池8个，辐射种桑养蚕群众100余户，形成带动效应。利用"联合社＋农户"经营模式，增加村级集体经济收入，促进农户增收。盘活撂荒土地资源，流转近80亩土地作为村级果桑项目实施点，实现产业长效发展，直接带动群众近200户。依靠能人"传帮带"的模式，村集体产业豚狸养殖、土鸡养殖、黑猪养殖等项目也纷纷有序开展。

加尤镇磨贤村：

特色产业让农民在家门口过上"甜日子"

  磨贤村位于凌云县加尤镇东北部，全村有汉、瑶2个民族聚居，下辖64个自然屯28个村民小组，共797户3656人，设党支部1个，下设党小组5个，有党员52名，村民收入来源主要为种桑养蚕、种植茶等经济作物、养鸡和外出务工。磨贤村按照"党建＋经济联合社"的思路，持续夯实乡村振兴基础，推动产业发展提质增速，架起了家门口的"致富桥"。先后获自治区三星级农村基层党组织、百色市"产业兴旺"红旗村等称号。

　　因地制宜，特色产业提质增效。大力挖掘村致富能人、种植大户、经营能手等具有丰富实践经验的"土专家""田秀才"，因地制宜探索发展多种特色产业，进一步优化调整农产品结构。试点推广种植新品种牛心李，新品种凭借脆、甜、红的优势，成功打入市场，牛心李、蜂糖李等种植面积达到700亩，年产600多万斤，创造经济价值近1200万元，成为富民兴村的支柱产业之一。新建年产2000头生猪的生猪养殖基地、小蚕共育基地和村办幼儿园，不断增加村级集体经济，2022年村级集体经济收入达22.3万元。

用好能人，桑蚕产业提速增收。用好致富能人，带动磨贤村50余户农户发展种桑养蚕，率先实现在家门口致富增收，进而提升磨贤村群众种桑养蚕热情。全村共有桑园7000余亩，年产值1800万元，产业覆盖农户470户。创办蚕丝被加工坊，形成种桑养蚕、蚕丝加工、制作销售等完整的产业生产经营链，为村里留守妇女提供加工蚕丝被、产品销售等就业岗位，留守妇女年人均增收约1万元。2018年共建设6600平方米的大蚕房进行出租，为农户种桑养蚕提供便捷。

完善设施，美丽乡村提档升级。持续完善农村公共基础设施，改善农村人居环境，把乡村建设得更加美丽。2016—2022年，磨贤村完成11条砂石路提级改造工程，新建成水泥路2条3.5公里。全村水泥路达60多公里，屯级道路硬化全覆盖，极大地解决了村民出行、运输等问题。全村共有人饮水柜820个、84000立方米，集中供水点10处，灌溉地头水柜12个、6000立方米，家家户户都用上干净、卫生的自来水，有了充足的农业灌溉用水。推倒危房重建新房72幢，每个屯内漂亮、大气的楼房林立。建设7个屯级篮球场和体育娱乐设施场所，极大地丰富了村民的业余生活。

玉洪瑶族乡那力村：

激活力促共赢　全产业链发展"八角经济"

　　那力村位于广西西北部，是玉洪瑶族乡力洪片区的重要支点，与田林县相邻，村域面积19.8平方公里，有12个村民小组10个自然屯，居住着壮、汉、瑶3个民族，共286户1295人。设党总支部1个，下设党支部2个，有党员40名。全村经济林面积2万余亩，以八角、茶叶、油茶为主。那力村巧借能人智慧、开拓资源，艰苦奋斗、自力更生，扎实推进乡村振兴。2019年获自治区三星级农村基层党组织称号，2019年、2020年连续两年获百色市"产业兴旺"红旗村称号。

智慧资源，串成八角产业共富链条。坚持以八角产业为主导，以"一棵树"产业为纽带，以增加收入为目的，采取"党支部＋农户"的发展模式，村党支部充分引导当地"土专家"、致富带头人发挥带动作用，汇聚支部牵头、党员带头、典范带动、群众参与的强大合力，不断激发群众造血功能，实现八角种植面积不断扩大。2021—2022年，全村新种植八角苗8000余株，八角保有面积超4000亩，户均达14亩。

智慧帮带，引领八角低产改造联动。以"产业生态化、生态产业化"为目标，实施"领头雁"工程，鼓励村"土专家"、产业致富带头人外出取经，学习先进经验和先进技术，学成返村免费开展技术培训，学习成果全村共享。村"土专家"、产业致富带头人种植八角产业130余亩，全部实施矮化改造、品种改良，全部开花结果，实现每年超30万元的八角经济收入。通过示范带动，现在的那力村年产八角3000余吨，年总产值超3000万元。越来越多的村民参与八角产业发展，家家户户住上小洋楼，一半以上农户购买了汽车，走上致富路。

智慧课堂，推进八角精细化管理。 在八角种植集中连片的大坪、那坪等村小组建成低产改造示范基地，邀请县林业局、农业农村局专家实地指导群众开展病虫害防治、疏林补植等精细化管理工作，推进产业规范化、标准化，促进增产增收。2021—2022年，累计举办八角种植技术、病虫害防治现场培训会3期，发放八角病虫害防治技术资料900余份。

智慧联结，激发八角产业新效益。 采取"政府＋企业＋合作社＋农户"的发展模式，与南宁、山东等地的公司签订协议，成立村级八角收购站，提供技术培训、信息咨询、就业岗位等，形成集种植、采收、加工、销售为一体的产业链，不断壮大村级集体经济，带动群众增收致富。同时，协调衔接资金对3条八角产业道路进行硬化，修建产业水柜7个，确保八角管得好、摘得下、运得出。截至2022年12月，全村累计发展八角4000余亩，预计2023年户均收入可达10万元。

图书在版编目（CIP）数据

壮志凌云　和美乡村：凌云县党建引领全域乡村振兴研究 / 广西乡村振兴战略研究会，凌云县党建工作中心编．—北京：中国农业出版社，2024.3
ISBN 978-7-109-31772-7

Ⅰ.①壮…　Ⅱ.①广…　②凌…　Ⅲ.①农村-社会主义建设-研究-凌云县　Ⅳ.①F327.674

中国国家版本馆CIP数据核字（2024）第051381号

中国农业出版社出版

地址：北京市朝阳区麦子店街18号楼
邮编：100125
责任编辑：潘洪洋
版式设计：王　晨　　责任校对：范　琳　　责任印制：王　宏
印刷：北京中科印刷有限公司
版次：2024年3月第1版
印次：2024年3月北京第1次印刷
发行：新华书店北京发行所
开本：700mm×1000mm　1/16
印张：9.25
字数：130千字
定价：88.00元